厚大® 法考 Judicial Examination

168金题串讲

名师亲编·深研命题·实战推演

商经法

鄢梦萱◎编著

Commercial Law & Economic Law

厚大出品

中国政法大学出版社

2023年厚大社群服务清单

学情监督
记录学习数据，建立能力图谱，针对薄弱有的放矢

主题班会
每月一次，布置任务，总结问题

备考规划
学科安排规划，考场应急攻略，心理辅导策略

干货下载
大纲对比、图书勘误、营养资料、直播讲义等

模考大赛
全真模拟，摸底考试，考试排名，知己知彼

学霸笔记
总结学习重难点，补充课堂笔记
传授应试技巧

扫码立送内部
200题

公益讲座
大纲解读，热点考点精析
热点案例分析等

法考头条
新法速递、法考大事件
重要时间节点等

主观破冰
破译主观题的规律和奥秘，使学员
对主观题从一知半解到了如指掌

模拟机考
全真模拟，冲刺法考，进阶训练，突破瓶颈

法条定位
讲授方法、结合主观答题系统，快速定位法条
最后一哆嗦轻松提分

法治思想素材
精编答题素材、传授答题套路，使考生对论述题
万能金句熟记于心

主观采分点
必背答题采分点，“浓缩”知识，择要记忆
法言法语，标准化答题

做法治之光

——致亲爱的考生朋友

如果问哪个群体会真正认真地学习法律，我想答案可能是备战法考的考生。

当厚大的老总力邀我们全力投入法考的培训事业，他最打动我们的一句话就是：这是一个远比象牙塔更大的舞台，我们可以向那些真正愿意去学习法律的同学普及法治的观念。

应试化的法律教育当然要帮助同学们以最便捷的方式通过法考，但它同时也可以承载法治信念的传承。

一直以来，人们习惯将应试化教育和大学教育对立开来，认为前者不登大雅之堂，充满填鸭与铜臭。然而，没有应试的导向，很少有人能够真正自律到系统地学习法律。在许多大学校园，田园牧歌式的自由放任也许能够培养出少数的精英，但不少学生却是在游戏、逃课、昏睡中浪费生命。人类所有的成就靠的其实都是艰辛的训练；法治建设所需的人才必须接受应试的锤炼。

应试化教育并不希望培养出类拔萃的精英，我们只希望为法治建设输送合格的人才，提升所有愿意学习法律的同学整体性的法律知识水平，培育真正的法治情怀。

厚大教育在全行业中率先推出了免费视频的教育模式，让优质的教育从此可以遍及每一个有网络的地方，经济问题不会再成为学生享受这些教育资源的壁垒。

最好的东西其实都是免费的，阳光、空气、无私的爱，越是弥足珍贵，越是免费的。我们希望厚大的免费课堂能够提供最优质的法律教育，一如阳光遍洒四方，带给每一位同学以法律的温暖。

没有哪一种职业资格考试像法考一样，科目之多、强度之大令人咂舌，这也是为什么通过法律职业资格考试是每一个法律人的梦想。

法考之路，并不好走。有沮丧、有压力、有疲倦，但愿你能坚持。

坚持就是胜利，法律职业资格考试如此，法治道路更是如此。

当你成为法官、检察官、律师或者其他法律工作者，你一定会面对更多的挑战、更多的压力，但是我们请你持守当初的梦想，永远不要放弃。

人生短暂，不过区区三万多天。我们每天都在走向人生的终点，对于每个人而言，我们最宝贵的财富就是时间。

感谢所有参加法考的朋友，感谢你愿意用你宝贵的时间去助力中国的法治建设。

我们都在借来的时间中生活。无论你是基于何种目的参加法考，你都被一只无形的大手抛进了法治的熔炉，要成为中国法治建设的血液，要让这个国家在法治中走向复兴。

数以万计的法条，盈千累万的试题，反反复复的训练。我们相信，这种貌似枯燥机械的复习正是对你性格的锤炼，让你迎接法治使命中更大的挑战。

> 亲爱的朋友，愿你在考试的复习中能够加倍地细心。因为将来的法律生涯，需要你心思格外的缜密，你要在纷繁芜杂的证据中不断搜索，发现疑点，去制止冤案。
>
> 亲爱的朋友，愿你在考试的复习中懂得放弃。你不可能学会所有的知识，抓住大头即可。将来的法律生涯，同样需要你在坚持原则的前提下有所为、有所不为。
>
> 亲爱的朋友，愿你在考试的复习中沉着冷静。不要为难题乱了阵脚，

实在不会，那就绕道而行。法律生涯，道阻且长，唯有怀抱从容淡定的心才能笑到最后。

法律职业资格考试不仅仅是一次考试，它更是你法律生涯的一次预表。
我们祝你顺利地通过考试。
不仅仅在考试中，也在今后的法治使命中——
不悲伤、不犹豫、不彷徨。
但求理解。

厚大®全体老师　谨识

前　言 FOREWORD

我不建议大家淹没在题海中，但适量习题又是必不可少的。在以往的培训中，我们往往会有这样的迷惑，明明上课感觉很不错，各个知识点也都掌握领会，可为什么拿到题目仍很陌生？如何使得掌握的知识转化为解题的能力？我们深深感受到即时复习即时解惑的重要性，是以进一步加深课堂知识，这就是编写这本训练题的宗旨。

关于本书2023版的三点说明：

1. 本书体例顺序与2023年《119考前必背·鄢梦萱讲商经法》基本一致。

2. 本书仅包括客观题，共计172道题，均为不定项选择题。（主观题部分，另有“主观题学习包”配套图书）

3. 本书使用时间，建议是2023年8~9月份。

法考，是注定孤独的旅行，在希望中踯躅前行，路上少不了退缩和困顿，但，那又怎样？你将证明这是谁的时代！

最后，祝各位考生朋友心想事成，法考成功！你就是2023年的过儿！

扫一扫微博，关注萱姑

听萱姑讲商经法　稳稳当当过法考

鄢梦萱

2023年6月30日

缩略语对照表

破产法解释	最高人民法院关于适用《中华人民共和国企业破产法》若干问题的规定
公司法解释	最高人民法院关于适用《中华人民共和国公司法》若干问题的规定
保险法解释	最高人民法院关于适用《中华人民共和国保险法》若干问题的解释
九民纪要	全国法院民商事审判工作会议纪要
担保制度解释	最高人民法院关于适用《中华人民共和国民法典》有关担保制度的解释
劳动争议解释	最高人民法院关于审理劳动争议案件适用法律问题的解释
票据纠纷规定	最高人民法院关于审理票据纠纷案件若干问题的规定
反不正当竞争法解释	最高人民法院关于适用《中华人民共和国反不正当竞争法》若干问题的解释

目 录

CONTENTS 168金题串讲

第1编 商主体法

第 2 编　商行为法

第 3 编 经 济 法

第 4 编 劳动与社会保障法

第 5 编 环境资源法

第 6 编 知识产权法

第1章 公司法

第1讲 公司概述与公司法基本原则

1. 萱草公司共有三名股东：甲公司、乙公司、丙公司。甲公司持股67%，并派高某担任萱草公司董事长；乙公司持股20%；丙公司持股13%。在高某授意下，甲公司无偿调用萱草公司的大部分资金用于甲公司的另一子公司。债权人华新公司在要求萱草公司偿还货款时，发现萱草公司的资产不足以清偿。关于本案，下列哪一选项是正确的？（　　）

A. 甲、乙、丙三个公司应当对华新公司承担连带清偿责任

B. 甲、乙、丙三个公司应当按出资比例对华新公司承担清偿责任

C. 当萱草公司不能清偿债务时，华新公司可要求追加甲公司为被执行人

D. 若华新公司在起诉萱草公司时一并提起公司人格否认诉讼，则应当列萱草公司和甲公司为共同被告

考点 公司人格否认

2. 高某与刘某组建萱草贸易有限责任公司，公司注册资本为20万元，高某与刘某各认缴出资10万元。在高某和刘某各出资5万元后，萱草公司成立并聘请陈某担任经理。对“有限责任”的理解，下列选项正确的是：（　　）

A. 萱草公司以20万元注册资本为限对萱草公司的债务负责

B. 高某和刘某各以实缴资本金5万元对萱草公司的债务负责

C. 陈某对萱草公司的债务负责

D. 高某和刘某各以认缴资本金10万元对萱草公司的债务负责

考点 公司的法人性；股东有限责任原则

3. “有限责任原则”是指公司的股东或者发起人以其认缴或认购的出资额或股份为限对公司的债务承担责任。一般地，债权人不能直接向公司的股东求偿，但在下列哪些情况下，债权人可以要求股东承担清偿责任？（　　）

A. 债权人发现甲公司在分配 2015 年年度利润时，先向股东分配利润但没有归还到期债务

B. 乙公司成立后，董事会一直拒绝召开股东会研究债务清偿问题

C. 某一人公司资不抵债时，股东丙不能证明个人财产和公司财产相互独立

D. 丁公司现已陷入经营困境，有证据证明丁公司大部分资产被股东挪用导致其资不抵债

[考点] 公司人格否认；公司债务的清偿

第2讲　公司的设立

4. 甲、乙、丙共同出资拟成立“味多佳”食品加工有限责任公司，在领取营业执照之前，甲以“味多佳公司筹建处”的名义与“南山岳”办公用品制造加工厂签订了 2 万元的办公用品购销合同。后“味多佳”公司未能成立，“南山岳”办公用品制造加工厂遂向法院提起诉讼。关于该合同的效力和诉讼当事人的判断，正确的是：（　　）

A. 该合同无效，应以甲、乙、丙为共同被告

B. 该合同有效，应以甲、乙、丙为共同被告

C. 该合同无效，应以“味多佳公司筹建处”为被告

D. 该合同有效，应以甲、乙、丙和“味多佳公司筹建处”为共同被告

[考点] 发起人责任

5. 在萱草公司筹备设立过程中，发起人向某以“萱草公司筹建处”的名义与乙厨房设备制造加工厂签订了 2 台烤箱的购销合同，另一发起人张大翔以自己的名义和链家中介公司签订了房屋租赁合同，将该房屋作为筹备处的办公场所。关于上述合同责任，下列哪些表述是正确的？（　　）

A. 萱草公司成立后，发现采购设备中的 1 台烤箱系向某自用，公司可主张就该台设备不承担合同责任

B. 如果乙厂是向某的弟弟所开办的个人独资企业，萱草公司应在支付 2 台烤箱价款后，向向某追偿

C. 萱草公司成立后，链家中介公司有权要求萱草公司承担租金责任

D. 萱草公司成立后，链家中介公司仍有权要求张大翔承担租金责任

考点 发起人责任

第3讲 股东的出资

6. 甲、乙、丙设立"萱草水业有限责任公司"，甲是筹备负责人，承担主要设立事务，乙和丙从事辅助工作，公司成立后，甲担任萱草公司董事长。现查明，乙的10万元出资款是挪用原国有企业的资金，现乙已经被批捕。另甲是以其从丁公司租赁的一套设备作为出资，作价8万元，该设备已经交付给萱草公司使用，乙、丙对租赁一事均不知情。后设备租期届满，丁公司要求收回该套设备，萱草公司不同意，遂产生纠纷。就该案，下列处理正确的是：(　　)

A. 乙以违法所得出资，应当由司法机关从萱草公司追回出资款10万元

B. 甲以租赁设备出资，未经丁公司追认，该出资行为效力待定

C. 丁公司有权取回该套设备

D. 丁公司无权取回该套设备

考点 出资方式（无权处分）

7. 甲、乙公司与刘某、谢某欲共同设立一家注册资本为200万元的有限责任公司，他们在拟订公司章程时约定了各自的出资方式。下列哪些出资方式是不合法的？(　　)

A. 甲公司以其企业商誉评估作价80万元出资

B. 乙公司以其获得的某知名品牌特许经营权评估作价60万元出资

C. 刘某以保险金额为20万元的保险单出资

D. 谢某以其设定了抵押担保的房屋评估作价40万元出资

考点 股东的出资

8. 高、罗、张约定各出资40万元设立萱草有限公司，因高只有20万元，遂与张约定由张为其垫付出资20万元。公司设立时，张以价值40万元的房屋评估为60万元骗得验资。后债权人发现萱草公司注册资本不实。萱草公司欠缴的20万元出资，应如何补交？(　　)

A. 应由高补交20万元，张、罗承担连带责任

B. 应由张补交20万元，高、罗承担连带责任

C. 应由高、张各补交10万元，罗承担连带责任

D. 应由高、罗各补交10万元，张承担连带责任

考点 股东出资责任

9. 宏远有限责任公司注册资本为1000万元，股东为甲、乙、丙、丁，按公司章程规定，各股东应在2025年1月前缴足出资。2016年6月，甲经乙、丙、丁同意将全部股权作价20万元转让给魏某，魏某向甲支付了相应价款，就甲尚未履行完的出资部分，仍由魏某在2025年1月前缴足。受经济下行形势影响，宏远公司经营陷入困境。至2018年年底，公司已拖欠东方公司设备款债务1000万元。对此，下列哪一项处理是正确的？（ ）

A. 若宏远公司暂时陷入经营困境，为了保护债权人利益，准用股东出资加速到期

B. 在宏远公司无财产可执行时，东方公司只能通过宏远公司的破产程序来受偿

C. 若法院执行宏远公司财产时，发现其穷尽执行措施仍无财产可供执行，则各股东应当对东方公司承担补充赔偿责任

D. 上述情形，在执行过程中，东方公司可以申请追加甲为被执行人

考点 公司债务清偿；出资期限利益

10. 萱草公司领取营业执照时，孙某尚有15万元出资未缴纳，按照出资协议最晚应于2013年6月1日缴纳。但至2022年8月1日，孙某仍拖欠未缴纳。现萱草公司经营亏损，不能清偿到期债务，萱草公司以及公司债权人北方公司均要求孙某清偿。则：（ ）

A. 孙某以萱草公司的请求权超过诉讼时效为由抗辩，法院应当支持

B. 孙某以萱草公司的请求权超过诉讼时效为由抗辩，法院不予支持

C. 孙某以北方公司无权向股东提出偿债请求为由抗辩，法院应当支持

D. 孙某以北方公司对萱草公司的债权请求权已经超过诉讼时效为由抗辩，法院应当支持

考点 出资瑕疵的后果（出资不受诉讼时效抗辩的限制）

11. 金芒果公司成立后，对其下列行为的定性或者处理，符合《公司法》规定

的是：(　　)

A. 公司董事会一致同意减少公司注册资本，减资款项按照当初的出资比例向股东返还

B. 公司股东会通过决议制作虚假财务会计报表虚增利润并进行分配，构成抽逃出资

C. 张某代垫 3 万元协助乙出资设立公司，公司成立后，乙以公司名义与张某签订购买 3 万元打印设备的合同，但经查张某从未经营过该项目，也未打算履行该合同，股东乙和张某需要对该公司承担连带补足责任

D. 股东丙以自己私有的一套设备出资，现因个人债务擅自将其转让给他人，此行为构成抽逃出资

[考 点] 出资瑕疵的后果

第4讲　股东资格

12. 向某是百草有限责任公司的股东，2021 年年初将 20%的股权转让给刘某，二人签订股权转让协议并且变更了股东名册，但尚未办理股东变更登记。同年 8 月，向某因为急需用钱，又以更高的价格将上述股权转让给了翔叔，刘某对此强烈反对，遂发生纠纷。就该纠纷的处理，下列说法符合《公司法》规定的是：(　　)

A. 就上述股权转让，百草有限责任公司的其他股东可主张同等条件下的优先购买权

B. 若向某未征求其他股东的意见擅自将股权转让给翔叔，则股权转让合同无效

C. 就上述股权转让，若百草有限责任公司的其他股东主张同等条件下的优先购买权，则翔叔无法取得股东资格

D. 若翔叔取得股东资格，则刘某可要求向某承担赔偿责任

[考 点] 一股二卖纠纷

第5讲　股东的知情权和分红权

13. 萱草有限公司章程规定：“股东有查阅股东会议记录和财务会计报告的权利。财务会计报告应包括：资产负债表、损益表、财务状况变动表、财务

情况说明书、利润分配表。”2019 年，股东鄢某认为，近年公司经营情况非常好，但至今没有发过一次红利，并对外拖欠大量债务，现有股东对公司经营现状一无所知。2021 年 5 月，鄢某认为公司没有前景，便将其股权卖给外人甲。至 2022 年 6 月，公司产品大卖，收益颇丰。鄢某非常后悔，要求公司提供会计账簿，但被公司拒绝。对此，下列判断正确的是：（　　）

A. 章程已经规定了股东查阅复制公司文件材料的范围，故鄢某无权要求查阅会计账簿

B. 若鄢某超过出资缴纳期限尚未缴足出资，萱草有限公司可拒绝其查账请求

C. 若鄢某自营一家与萱草有限公司主营业务有实质性竞争关系的炎黄公司，萱草有限公司可拒绝其查账请求

D. 鄢某已不是萱草有限公司的股东，其无权要求查阅持股期间的公司会计账簿

考点 股东查阅复制权

第6讲 股权（股份）转让规则

14. 2016 年，股东刘某急需用钱，拟将其持有的股权的 20%转让给外人高云。在萱草有限公司章程没有其他规定的情况下，下列说法符合法律规定的是：（　　）

A. 另一股东甲甲可主张同等条件下优先购买刘某转让股权的 10%

B. 刘某在另一股东甲甲主张优先购买权后反悔，甲甲仍可继续主张以同等条件优先购买转让的股权

C. 刘某未告知其他股东即与外人签订股权转让合同，其他股东仅可主张该股权转让合同无效

D. 若刘某和他人恶意串通转让股权，自股权变更登记之日起超过 1 年，其他股东不再享有优先购买权

考点（有限公司）股权转让

15. 2020 年，因萱草公司股东会被大股东殷某操纵，通过了一系列魏大新并不赞成的决议，魏大新因此萌生了要退出萱草公司的想法。下列何种情况下，魏大新可以要求萱草公司回购其股权？（　　）

A. 萱草公司自 2014 年至 2020 年六年间，除 2016 年有小幅亏损外，连年盈利颇丰，有分配利润的条件，但萱草公司始终未向股东分配利润

B. 萱草公司酝酿收购另一小企业，在股东会表决时，魏大新认为对该企业现在的经营状况不够了解，担心此次收购可能成为萱草公司经营的负担，放弃了表决权

C. 章程规定的解散事由出现时，考虑到萱草公司仍然处于盈利状态，股东会通过决议使萱草公司存续，魏大新投了反对票

D. 萱草公司通过股东会决议，为大股东殷某的一笔借款提供担保，魏大新非常不满，对该决议投了反对票

[考 点] 有限公司的股权回购

16. 甲上市公司在成立 6 个月时召开股东大会，该次股东大会通过的下列决议，哪项符合法律规定？（　　）

A. 公司发起人持有的本公司股份自即日起可以对外转让

B. 决定与乙公司联合开发房地产，并要求乙公司以其持有的甲公司股份作为履行合同的质押担保

C. 公司收回本公司已发行股份的 2% 用于未来 3 年内对本公司职工的奖励

D. 该次会议通过了解聘公司现任经理的决议，并由董事长和记录员在会议记录上签名

[考 点] （股份公司）股份发行和回购

第⑦讲　董事、监事、高级管理人员

17. 在萱草股份公司经营过程中，有股东对董事的任职资格等问题提出质疑，遂向公司法律顾问咨询。针对律师的回答，下列选项符合《公司法》规定的是：（　　）

A. 公司章程规定董事人数为 18 人，现因董事辞职导致董事人数减为 12 人，律师认为应当召开临时股东大会补充董事人选

B. 在审议董事人选时，发现高某 2 年前被任命为一家国有企业的厂长，上任仅 3 个月，该企业被宣告破产，律师认为高某可以担任萱草股份公司董事

C. 刘某投资设立了一个个人独资企业，该个人独资企业现在所负到期债务数额较大，无力清偿，律师认为刘某可以担任萱草股份公司董事会秘书

D. 魏某为萱草股份公司大股东百草集团的财务总监，律师认为魏某不得担任萱草股份公司监事

考点 股东会议规则；董监高的任职资格

18. 2019年，萱草有限公司总经理栗某将公司的主要业务低价承包给自己的朋友，给公司带来重大损失。但慑于栗某的权力，董事会迟迟不予追究。就萱草公司的上述损失，股东采取了一系列救济措施。据此，下列说法正确的是：（　　）

A. 李某于2020年才成为公司股东，李某无权就该纠纷提起股东代表诉讼

B. 股东张某发现公司合法权益受到侵害的，可以直接向法院提起诉讼

C. 若张某胜诉，可请求萱草公司承担合理的律师费以及为诉讼支出的调查费等费用

D. 在上述股东代表诉讼中，栗某以萱草公司违约为由可对提起诉讼的股东提出反诉

考点 股东代表诉讼

19. 大萱美容产品有限公司（以下简称“大萱公司”）共有两名股东，分别为小敏和大敏。小敏是大萱公司执行董事兼总经理，同时担任小萱公司股东、监事。2018年，大萱公司与小萱公司签订《经销商合同书》，授权小萱公司为大萱公司生产的黑金美容面膜的A市独家经销商。2019年8月，股东大敏向大萱公司监事发函，称发现小萱公司仅为市级经销商，但享有省级经销商的价格优惠待遇，并且大萱公司无条件承担小萱公司全部市场经营费用，条件远远优于其他同类经销商。于是大敏请求监事向法院提起诉讼。但是，监事函复大敏，称小敏作为法定代表人，签订《经销商合同书》未超出章程授予的职权范围，并且该事项经过了股东会合法表决通过，程序上并无瑕疵，故拒绝起诉。就该案的分析，下列哪些说法是正确的？（　　）

A. 本案应定性为公司关联交易损害责任纠纷

B. 该笔交易程序合法，公司损失属于正常经营风险，故小敏无需对大萱公司承担赔偿责任

C. 本案程序正当，股东大敏无权提起股东代表诉讼

D. 本案损害公司利益，股东大敏有权提起股东代表诉讼

考点 关联交易纠纷；股东代表诉讼

第8讲 公司的组织机构

20. 萱草食品有限公司董事长兼总经理殷小敏将公司的采购业务全部交给自己的弟弟独资成立的甲公司，采购价格远远高于市场价格，给萱草食品有限公司带来重大损失，但慑于殷小敏的权力，萱草食品有限公司迟迟不予追究。现萱草食品有限公司监事会共有3名监事，若公司章程无其他规定，关于他们就此事的处理意见，下列选项正确的是：（　　）

A. 聘请会计师事务所协助调查公司的异常经营状况，并且主张费用由公司承担

B. 要求殷小敏对上述行为予以纠正，拒不纠正时召开临时监事会会议罢免殷小敏

C. 由监事会主席王某主持公司的生产经营管理工作，组织实施董事会决议

D. 列席董事会会议，并对董事会决议事项提出质询

[考点] 监事会的职权

21. 萱草有限公司董事会共有董事10名。现公司召开董事会讨论了三项议案：①以公司名义向甲制药厂（普通合伙企业）投资400万元；②审议收购乙公司资产的未付价款暂停支付的决议；③制订本公司下年度财务预算方案和公司增加注册资本的议案。在有6人同意的情况下，萱草有限公司董事会审议批准了上述三个议案，后在上述决议施行的过程中，给萱草有限公司造成了重大损失。对此，下列哪一选项符合《公司法》的规定？（　　）

A. 因向甲制药厂投资需要承担连带责任，故该决议无效

B. 通过的收购乙公司资产的未付价款暂停支付的决议是有效决议

C. 制订萱草公司下年度财务预算方案和公司增加注册资本的决议无效

D. 参与决议的董事应当对公司负赔偿责任

[考点] 董事会的职权；董事的赔偿责任

22. 王笑独自投资设立了“豆蔻年华”美容美发用品有限公司，并且王笑和张帅、李天共同投资设立“红连天”餐饮连锁有限公司。根据《公司法》的规定，下列说法错误的是：（　　）

A. 王笑不得再设立新的一人有限公司，也不得再设立个人独资企业

B. “豆蔻年华”公司不得再设立新的一人公司，但“红连天”公司可以再设立

全资子公司

C. 因为公司不得成为承担连带责任的出资人，故上述两个公司均不得向普通合伙企业投资

D. 王笑作为股东应当对"豆蔻年华"公司的债务承担连带责任

考点 一人公司

第9讲 公司的决议

23. 萱草有限责任公司共有5名股东，何笙持有公司80%的股权，并担任公司董事长，谢黎持有公司7%的股权，其他股东合计持有13%的股权，公司章程对会议召集、主持程序没有特别规定。为扩展公司业务领域，何笙欲将萱草有限责任公司与果仁公司合并，便提议召开公司股东会会议，但公司忘记通知谢黎。会议召开前3天，谢黎自其他股东处得知此事，自行到会，但此时会议已经召开20分钟。最终，持表决权90%的股东投赞成票通过了该项决议，但谢黎以未接到会议通知为由，拒绝在该次股东会决议上签字。对此，下列说法正确的是：(　　)

A. 因该次股东会会议未通知股东谢黎，该决议无效

B. 若谢黎要求萱草有限责任公司以合理价款回购其所持有的公司股权，该诉讼请求能得到法院支持

C. 若谢黎提起股东会决议效力的相关诉讼，应当以公司为被告，可将其他股东列为第三人

D. 若谢黎以召集程序违反法律规定为由请求撤销股东会决议，该诉讼请求能得到法院支持

考点 公司决议效力

第10讲 公司经营中的特殊合同

24. 甲公司是银萱有限公司的控股股东。现甲公司准备向A银行贷款3000万元，银萱公司为该笔贷款提供担保，A银行要求银萱公司提供相关证明。现查明，银萱公司未召开股东会，所提交给A银行的全体股东一致同意为甲公司担保的决议系伪造股东签名。A银行收到此股东会决议后和银萱公

司签订了担保合同，现甲公司不能清偿A银行的债务。对此，下列哪些说法是正确的？（　　）

A. 该担保决议是无效的决议

B. 该担保决议是未成立的决议

C. 银行未尽到合理审查义务，该担保合同对银萱公司不发生效力

D. 银行可请求银萱公司承担赔偿责任

[考点] 公司决议效力（担保决议）

25. A公司向乙借款1000万元。双方签订《借款合同补充协议》，约定为了保证上述1000万元借款能够得以清偿，A公司将其持有的B公司的全部股权变更至乙名下，但双方均承认该笔股权转让的目的是保证乙1000万元债权的实现，并约定若A公司不能还清债务，乙有权出售股权并优先受偿。现在A公司和B公司均因为经营不善无法清偿到期债务。关于本案的处理，下列哪一选项是合法的？（　　）

A. 若A公司超过出资期限未全面履行对B公司的出资义务，则B公司的债权人可以要求乙与A公司承担连带赔偿责任

B. 该笔股权转让已经进行股权转让登记，A公司不能清偿时乙有权取得该股权的所有权

C. 该笔股权转让已经进行股权转让登记，乙有权参加B公司的股东会并行使股东权

D. 若该笔股权转让未进行股权转让登记，乙不能就该笔股权拍卖变价款优先受偿

[考点] 股权让与担保

第11讲 公司收益分配规则

26. 某股份公司现有注册资本3000万元，公司现有法定公积金1000万元，任意公积金500万元。现该公司拟以公积金500万元增资派股，下列哪些方案符合法律规定？（　　）

A. 将法定公积金500万元转为公司资本

B. 将任意公积金500万元转为公司资本

C. 将法定公积金200万元，任意公积金300万元转为公司资本

D. 将法定公积金 300 万元，任意公积金 200 万元转为公司资本

考点 公司利润分配（公积金）

第12讲 公司的合并分立和解散清算

27. 2015 年，甲制药股份公司因为假疫苗事件被判处高额罚金，董事长、总经理及财务总监均被捕，公司陷入经营困境。至 2018 年，甲制药公司股东会连续 2 年无法作出任何有效决议，公司经营管理发生严重困难。下列解决方式，符合法律规定的是：（　　）

A. 张东持有甲制药公司 12%的股权，他可以提起解散公司诉讼，并可同时申请法院对公司进行清算

B. 第一大股东中兴公司恶意操控甲制药公司，张东提起解散甲制药公司之诉时，可以将中兴公司列为共同被告

C. 张东提起解散公司诉讼时，向法院申请财产保全的，法院应予以保全

D. 甲制药公司被法院判决解散，则在清算时有关该公司的民事诉讼，应当以甲制药公司为被告

考点 股东权利（请求法院解散公司权）

28. 2021 年萱草有限公司出现下列哪些情况时，持有该公司全部股东表决权 10%以上的股东，可以提起解散公司的诉讼？（　　）

A. 公司自 2018 年至今无法作出有效股东会决议，但公司经营情况良好

B. 董事会以涉及商业秘密为由拒绝股东查账，高云认为损害了自己的知情权

C. 现有董事个人之间积怨很深，公司股东会无法调和，导致公司陷入经营管理困境

D. 章程规定公司经营期限到 2019 年 8 月，现公司通过股东会修改章程延期到 2039 年，刘小飞反对该决议

考点 公司解散诉讼（公司僵局）

29. 甲有限责任公司章程规定的营业期限届满，现该公司股东会决议解散公司。就公司清算过程中出现的下列情况所作的处理，符合法律规定的是：（　　）

A. 为了保证职工的利益，清算组制定的清算方案应当报职工代表大会确认

B. 现发现甲有限责任公司的股东以虚假的清算报告骗取公司登记机关办理注销

登记，则其债权人可以主张甲有限责任公司股东对公司债务承担相应赔偿责任

C. 在编制清算方案时，清算组经职工代表大会同意，决定将公司所有的职工住房优惠出售给职工，并允许以部分应付购房款抵销公司所欠职工工资和劳动保险费用

D. 清算期间由于市场突然变动，甲有限责任公司库存的原材料行情大涨，现清算组抓紧时机与另一公司签订了销售合同

[考点] 公司清算

30. A公司与B公司订有购销合同，B公司尚欠A公司货款500万元。另，甲、乙、丙为B公司的股东，所占股份分别为80%、10%、10%；公司不设董事会和监事会，甲是公司实际控制人和董事长。B公司于2008年12月25日被工商部门吊销营业执照，至今股东未组织清算，甲携带公司账簿和印章下落不明；公司财物多次被债权人哄抢，乙和丙虽多次报警，但仍有大部分的公司财产不知去向。A公司起诉B公司股东，要求全体股东对B公司债务承担赔偿责任。就该案的处理，下列哪些选项是正确的？（　　）

A. B公司股东未在法定期限内成立清算组，怠于清算，A公司的诉讼请求能得到支持

B. B公司无法清算的情形系甲造成，仅可由甲对B公司的债务承担相应民事责任

C. 乙和丙如能证明自己积极履行清算义务，无需对B公司债务承担赔偿责任

D. 乙和丙即使证明自己未参加B公司经营管理，但因其是股东，仍需对B公司债务承担赔偿责任

[考点] 公司清算（怠于履行清算义务的责任）

答案及解析

1. [考点] 公司人格否认

[答案] D

[解析] A、B选项错误。公司股东滥用公司法人独立地位和股东有限责任，逃避债务，严重损害公司债权人利益的，应当对公司债务承担连带责任。（《公司法》第20条第3款）本题仅显示股东甲公司滥用公司法人独立地位，故仅

应当由甲公司对华新公司应承担清偿责任。

C选项，是否构成公司法人人格否认，需要经过法院认定，故直接追加股东甲公司为被执行人是错误的。

D选项，根据《九民纪要》第13点的规定，人民法院在审理公司人格否认纠纷案件时，应当根据不同情形确定当事人的诉讼地位：

（1）前、中：公司+滥权股东为共同被告；

（2）后：股东为被告，公司为第三人。

可知，D选项正确。

2. 考点 公司的法人性；股东有限责任原则

答案 D

解析 “有限责任原则”是指“股东与公司债务清偿”的关系，即“有限责任公司的股东以其认缴的出资额为限对公司承担责任；股份有限公司的股东以其认购的股份为限对公司承担责任”（《公司法》第3条第2款）。

A选项错误。公司以其全部财产对公司的债务承担责任，而不是以“注册资本”为限对公司债务负责。同时，公司是独立法人，公司对公司债务的清偿并不属于“有限责任原则”的范围。

B选项错误，D选项正确。股东不是以“实缴”的数额，而是以各自认缴的出资金额对公司的债务负责。

C选项错误。陈某并非公司股东，只是公司的经理，无需对公司债务承担责任。

3. 考点 公司人格否认；公司债务的清偿

答案 CD

解析 A、B选项，均无法判断公司是否严重损害债权人利益，无法判断公司是否陷入经营困境。故A、B选项不当选。

C、D选项，均出现“股东滥用股东权”的情形，并且公司资不抵债或陷入经营困境，严重损害了公司债权人利益，所以股东应当对公司债务承担连带责任。故C、D选项当选。

4. 考点 发起人责任

答案 B

解析 A、C选项错误。关于合同效力，虽然该公司尚未成立，未取得法人资格，但“味多佳公司筹建处”属于民事主体中的“非法人组织”，是可以独立签订合同的，所以该购销合同是有效合同。

B选项正确。本题“味多佳”公司未能成立，即设立失败，该合同是以“筹建处”（设立中公司）名义签订的，所以债权人可以请求全体或者部分发起人对设立公司行为所产生的费用和债务承担连带清偿责任。

D选项错误。错误在于“共同被告”。《公司法解释（三）》第4条第1款规定：“公司因故未成立，债权人请求全体或者部分发起人对设立公司行为所产生的费用和债务承担连带清偿责任的，人民法院应予支持。”

5. 考点 发起人责任

答案 CD

解析 A选项，即使该烤箱是“发起人为自己的利益”采购的，但若相对人（乙厨房设备制造加工厂）是善意的，萱草公司也应当承担合同责任。故A选项缺乏判断第三人主观善恶的条件，错误。（《公司法解释（三）》第3条第2款规定，公司成立后有证据证明发起人利用设立中公司的名义为自己的利益与相对人签订合同，公司以此为由主张不承担合同责任的，人民法院应予支持，但相对人为善意的除外）

B选项，告知两个条件：①该合同以“设立中公司的名义为自己的利益”签订；②可推定相对人乙厨房设备制造加工厂“知情”。所以，萱草公司可以主张不承担合同责任。故B选项萱草公司先承担合同责任再向发起人追偿的处理，是错误的。

C、D选项，均为以“发起人自己的名义”签订合同的处理。该类合同的相对人（链家中介公司）有选择权，可以选择由萱草公司或者发起人承担合同责任。（《公司法解释（三）》第2条）故C、D选项均是正确的。

6. 考点 出资方式（无权处分）

答案 C

解析 A选项，以“贪污、受贿、侵占、挪用等违法犯罪所得的货币”出资后取得股权，正确处理是：采取拍卖或者变卖的方式处置其股权。（《公司法解释（三）》第7条第2款）A选项错在混淆了股东个人财产和公司法人财产，货币一旦出资则转化为公司的法人财产。出资人以不享有处分权的财产

出资，当事人之间对于出资行为效力产生争议的，参照善意取得予以认定。(《公司法解释（三）》第7条第1款)

B选项，甲以租赁的设备作为出资，性质为“无权处分”。就无权处分设备的处理，并不需要原权利人（丁公司）的追认。故B选项错误。

C、D选项，题干显示“甲是筹备负责人”，则难以认定受让人萱草公司是“善意”，该设备的所有权并未转移。所以原权利人（丁公司）可以取回设备。故C选项正确，D选项错误。

7. 考点 股东的出资

答案 ABCD

解析 公司股东不得以劳务、信用、自然人姓名、商誉、特许经营权或者设定担保的财产等作价出资。故A、B、D选项不合法，当选。(提示：D选项的出资瑕疵可补正，若该房屋被解除抵押担保，是可以作为出资的。但题干未给出该条件，故不予考虑后续是否有“瑕疵补正”的情况。)

C选项，保单转让，其实质是保险合同主体的变更，是指投保人或被保险人将保险合同中的权利和义务转让给他人的法律行为。虽然人寿保险的保险单允许转让或质押，但仍要求新的受让人（即被保险人）对保险标的（生命或健康）具有保险利益，而这一点，是作为“法人”的公司无法满足的。故不得以具有人身专属性的保单作为设立公司的出资，C选项不合法，当选。

8. 考点 股东出资责任

答案 A

解析 A选项当选。张虚假高估20万元属于无效垫资，即高、张二人垫资协议并未完成，这属于高与张之间的民事纠纷，不会导致各股东出资义务的变化，也不会导致高出资义务的免除。

B选项不当选。错误地以部分股东间的垫付约定变更了合法有效的出资协议。

C、D选项不当选。“设立时未足额缴纳出资的股东”和发起人之间承担连带责任。选项中“各补交10万元”于法无据。

9. 考点 公司债务清偿；出资期限利益

答案 C

解 析 在注册资本认缴制下，股东依法享有期限利益。未届出资期限的股东在未出资范围内，不对公司债务承担补充赔偿责任。

A、B、C 选项，股东恶意延长出资期限，或者公司具备破产原因，但不申请破产的，为了维护债权人利益，准用股东出资加速到期。故 A、B 选项错误，C 选项正确。

D 选项，甲享有出资期限利益，在法律允许的出资期限之前转让其股权，并非“股东未依法履行出资义务即转让股权”，所以甲无需对公司债务承担连带责任。故 D 选项错误。

10. 考 点 出资瑕疵的后果（出资不受诉讼时效抗辩的限制）

答 案 BD

解 析 A、B 选项，出资不适用诉讼时效抗辩。因为“出资”形成的是股权关系，而“诉讼时效”解决债权关系。故 A 选项不当选，B 选项当选。

C、D 选项，公司债权人的债权未过诉讼时效期间，其有权请求未履行或者未全面履行出资义务或者抽逃出资的股东承担赔偿责任。故 C 选项不当选，D 选项当选。

11. 考 点 出资瑕疵的后果

答 案 B

解 析 A 选项不当选。董事会无权决定减资事项（应当由股东会决议），所以该减资程序不合法。

B 选项当选。虚增利润进行分配，符合抽逃出资的规定。（《公司法解释（三）》第 12 条第 1 项）

C 选项不当选。张某代垫资金协助发起人设立公司，我国允许垫付出资。乙虽构成抽逃出资，但因垫付出资合法，所以张某无需承担连带责任。

D 选项不当选。丙擅自将设备转让，侵犯了公司的法人财产权，但丙没有采用虚构合同、关联交易等手段，不宜定性为抽逃出资。

12. 考 点 一股二卖纠纷

答 案 ACD

解 析 A 选项，向某转让股权，应当符合股权对外转让的条件，即其他股东享有优先购买权。故 A 选项当选。

B选项不当选，错误是“股权转让合同无效”。虽然向某擅自转让股权损害了其他股东的优先购买权，但合同是有效的，向某仍需承担违约责任。

C、D选项，原股东（向某）将其股权转让了两次，第二次转让的股权受让人（翔叔）如果符合《民法典》第311条规定的“善意取得”规则，可以取得该股权。原股东（向某）处分股权造成受让股东（刘某）损失，受让股东有权请求原股东承担赔偿责任、对于未及时办理变更登记有过错的董事、高级管理人员或者实际控制人承担相应责任。（《公司法解释（三）》第27条第2款）故C、D选项当选。

13. 考点 股东查阅复制权

答案 C

解析 A选项错误。公司章程、股东之间的协议等实质性剥夺股东查阅或者复制公司文件材料的权利，公司以此为由拒绝股东查阅或者复制的，人民法院不予支持。（《公司法解释（四）》第9条）

B、C选项，根据《公司法》第33条第2款的规定，公司有合理根据认为股东查阅会计账簿有不正当目的，可能损害公司合法利益的，可以拒绝提供查阅。“不正当目的”包括“股东自营或者为他人经营与公司主营业务有实质性竞争关系业务的”（《公司法解释（四）》第8条第1项）。故C选项正确；B选项错误，“出资违约”并非“查阅账簿的不正当目的”。

D选项错误。股东虽然已经转让股权，但他要求查阅其持股期间的会计账簿的诉讼请求可以得到支持。

14. 考点（有限公司）股权转让

答案 D

解析 A选项不当选。转让股东向股东以外的人转让股权，其他股东在同等条件下享有优先购买权。“同等条件”应当考虑转让股权的数量、价格、支付方式及期限等因素。（《公司法》第71条第3款、《公司法解释（四）》第18条）所以，A选项因为数量不同等，不符合“同等条件”。

B选项不当选。有限责任公司的转让股东，在其他股东主张优先购买后又不同意转让股权的，其他股东无权主张优先购买权，但公司章程另有规定或者全体股东另有约定的除外。（《公司法解释（四）》第20条）

C、D选项，均是违反了转让股权时应通知其他股东的义务。对此情形，《公司法解释（四）》第21条第1款为了维护有限公司的“人合性”，规定其他股东自知道或者应当知道行使优先购买权的同等条件之日起30日内主张，或者自股权变更登记之日起1年内主张的，保护其他股东的优先购买权。故D选项当选。但同时，股权转让也是转让股东的权利，所以《公司法解释（四）》第21条第2款同时规定，“其他股东仅提出确认股权转让合同及股权变动效力等请求，未同时主张按照同等条件购买转让股权的，人民法院不予支持”。故C选项不当选。

15. 考点 有限公司的股权回购

答案 C

解析《公司法》第74条第1款规定了对股东会特定决议投反对票的股东可以请求公司按照合理的价格收购其股权的情形。这些情形可以概括为“55合分转，该死不死改章程”。

A选项不当选，公司不符合“连续5年不向股东分配利润，而公司该5年连续盈利”的要求，所以股东要求回购股权的条件不具备。

B选项不当选，要求是“投反对票的股东”，也就是只有“异议股东”才可请求公司回购股权，B选项中股东投的是“弃权票”，故不符合回购条件。

D选项不当选，股东对担保决议投反对票，其结果是会影响担保决议是否通过，而反对“担保决议”不属于“允许股权回购”的特殊情形。

16. 考点（股份公司）股份发行和回购

答案 C

解析 A选项不当选。发起人持有的本公司股份，自公司成立之日起1年内不得转让。(《公司法》第141条第1款）所以A选项错在“即日”转让。

B选项不当选。公司不得接受本公司的股票作为质押权的标的。(《公司法》第142条第5款)

C选项当选。股份公司可将收购股份用于员工持股计划或者股权激励，该类型收购，要求公司合计持有的本公司股份数不得超过本公司已发行股份总额的10%，并应当在3年内转让或者注销。(《公司法》第142条第1、3款)

D选项不当选。经理应当由“董事会”解聘，而非“股东大会”。该选项弄错了组织机构的职权。

17. 考点 股东会议规则；董监高的任职资格

答案 B

解析 A选项不当选。根据《公司法》第100条第1项的规定，董事人数不足《公司法》规定人数或者公司章程所定人数的2/3时，应当召开临时股东大会。但“不足”不包含本数，A选项中少于12人，才需要召开临时会议。

B选项当选。“上任仅3个月”难以说明高某对该企业破产“负有个人责任”。

C选项不当选。因为投资人要对个人独资企业的债务承担无限责任，所以该笔债务属于投资人（刘某）个人债务，此种情况下，刘某不得担任其他公司的董事、监事、高级管理人员。

D选项不当选。魏某并非萱草股份公司的财务总监，其身份为股东公司的高管，所以他担任萱草股份公司监事是合法的。

18. 考点 股东代表诉讼

答案 C

解析 A选项不当选。何时成为股东不影响提起股东代表诉讼的原告资格。(《九民纪要》第24点)

B选项不当选，错误是“直接”。股东提起代表诉讼的前置程序之一是股东必须先书面请求公司有关机关向人民法院提起诉讼。(《公司法》第151条第2款)

D选项不当选，不符合“本诉和反诉”的要求。在股东代表诉讼中，“被告以公司在案涉纠纷中应当承担侵权或者违约等责任为由对公司提出的反诉，因不符合反诉的要件，人民法院应当裁定不予受理；已经受理的，裁定驳回起诉”(《九民纪要》第26点)。

19. 考点 关联交易纠纷；股东代表诉讼

答案 AD

解析 本题构成关联交易，关联交易是被允许的，但如果关联交易损害公司利益，《公司法解释（五）》第1条明确了处理规则：

(1) 关联交易的相对方，如控股股东、实际控制人、董事、监事、高级管理人员，仅以该交易已经履行了信息披露或者程序正当为由抗辩不对公司的损失承担赔偿责任的，不予支持。故B、C选项错误。

（2）公司没有提起诉讼时，合格股东可以为了公司的利益提起股东代表诉讼。故A、D选项正确。

20. 考 点 监事会的职权

答 案 AD

解 析 A选项正确。监事会发现公司经营情况异常，必要时，可以聘请会计师事务所等协助其工作，费用由公司承担。（《公司法》第54条第2款）

B选项，错误为"罢免权"，监事会仅有权对公司董事、高级管理人员提出罢免的建议。

C选项错误。监事会并非公司经营机构，其仅有监督职责而无公司经营职责。根据《公司法》第53条规定的监事会的职权，监事会无权主持公司的生产经营管理工作，无权组织实施董事会决议。

D选项正确。监事可以列席董事会会议，并对董事会决议事项提出质询或者建议。（《公司法》第54条第1款）

21. 考 点 董事会的职权；董事的赔偿责任

答 案 B

解 析 A选项，我国只规定某些类型的主体，如国有独资公司、国有企业、上市公司以及公益性的事业单位、社会团体，不得成为普通合伙人（《合伙企业法》第3条）。从本题题意难以得出萱草有限公司属于上述特殊类型，并且决定投资方案属于董事会职权，所以第一项议案是有效决议。故A选项不当选。

B选项，"暂停支付"收购价款属于决定公司的经营计划和投资方案，这属于董事会的职权。故B选项当选。（《公司法》第46条第3项）

C选项，"制订"意味着提出方案或草案，而非最终审批决定。根据《公司法》第46条第4、6项的规定，这属于董事会的职权。故C选项不当选。（不要混淆：如果C选项变更为"制定、决定"，则该表述正确，因为增减注册资本的议案应当由股东会审批，而董事会作出该决议当然无效）

D选项，董事会的决议违反法律、行政法规或者公司章程、股东大会决议，致使公司遭受严重损失的，参与决议的董事对公司负赔偿责任。（《公司法》第112条第3款）本题三项决议均是合法决议，投资亏损属于公司正常经营风险，所以董事无需承担赔偿责任。故D选项不当选。

22. 考点 一人公司

答案 ACD

解析 A选项错误，当选。一个自然人只能设立一个一人公司，所以王笑不得再设立新的一人公司。但法律并不禁止自然人同时设立个人独资企业。

B选项正确，不当选。“红连天”公司并非一人公司，对其再投资没有限制。

C选项错误，当选。公司可以成为普通合伙人和有限合伙人。参见《合伙企业法》第2条第1款的规定：“本法所称合伙企业，是指自然人、法人和其他组织依照本法在中国境内设立的普通合伙企业和有限合伙企业。”

D选项错误，当选。在公司财产与股东自己的财产混同，导致人格混同时，才会要求股东对公司的债务承担连带责任，而D选项缺少股东承担责任的条件。

23. 考点 公司决议效力

答案 C

解析 A选项错误。本题萱草有限责任公司召开股东会议未通知股东，此属于“会议召集程序违反法律”，而该公司决议内容为“公司合并”，并未违反法律或行政法规，所以将决议定性为“无效”是错误的。

B选项错误。本题谢黎并非反对公司合并，而是对会议召集通知程序不满，因此不能依据《公司法》第74条第1款第2项的规定，要求公司回购其股权。

D选项错误。本题符合“会议召集程序或者表决方式仅有轻微瑕疵，且对决议未产生实质影响”的情形，法院不予支持撤销的诉讼请求。(《公司法解释（四）》第4条)

24. 考点 公司决议效力（担保决议）

答案 BCD

解析 (1) 决议效力问题

根据《公司法解释（四）》第5条第1项的规定，公司未召开会议，伪造其他股东签名而作出的股东会决议，属于决议重大瑕疵，当事人有权主张该决议不成立。另外，本题的决议内容为“提供担保”，该决议内容并不违法，所以决议性质不属于“无效决议”。故A选项错误，B选项正确。

（2）担保合同效力问题

《公司法》第16条第2、3款规定，公司为公司股东或者实际控制人提供担保的，必须经股东会或者股东大会决议。前述规定的股东或者受前述规定的实际控制人支配的股东，不得参加前述规定事项的表决。该项表决由出席会议的其他股东所持表决权的过半数通过。

本题中，A银行在审查股东会决议时，未审查“是否排除被担保股东”，因此难以认定A银行已经进行了合理审查。故C选项正确。

D选项，根据《担保制度解释》第17条第1款第1项的规定，主合同有效而第三人提供的担保合同无效，债权人与担保人均有过错的，担保人承担的赔偿责任不应超过债务人不能清偿部分的1/2。可知，虽然银萱公司不承担担保责任，但其仍需承担过错赔偿责任。故D选项正确。

25. 考点 股权让与担保

答案 D

解析 本题A公司（债务人）和乙（债权人）构成让与担保的法律关系。A公司将其持有的B公司的股权形式上转让给乙，但实际目的是为A公司和乙之间的借款提供担保，乙（债权人）仅为B公司的“名义股东”，乙和B公司并无真实的股权关系。

A选项不当选。根据《担保制度解释》第69条的规定，即使股东（A公司）出现未履行出资义务等情形并且A公司已经将股权转让给债权人（乙，或称为“名义股东”），但是因为构成让与担保法律关系，股权仅是形式上转让，所以此时不再依据《公司法》“瑕疵股权转让，受让人明知需承担连带责任”的规则处理，而是依据担保的规则处理，即该债权人（乙）无需和真实股东（A公司）对原公司（B公司）承担连带责任。因为债权人（乙）和B公司并无真实的股权关系。

B、C选项不当选。一定要注意乙的身份，即使股权已经形式上转移给乙，但乙仅是债权人，该股权仅是担保物，不能认为乙是股权的所有人（法条表述为“名义股东”）。所以，当债务人（A公司）不履行到期债务，债权人（乙）有权行使担保物权，但债权人乙无权取得担保物（股权）的所有权。同理，乙无权参加B公司的股东会并行使股东权。

D选项当选。根据《担保制度解释》第68条第2款的规定，当事人已经完成财产权利变动的公示，债务人不履行到期债务，债权人请求参照《民法典》关于担保物权的规定对财产折价或者以拍卖、变卖该财产所得的价款优先受偿的，人民法院应予支持。

26. 【考点】公司利润分配（公积金）

【答案】BC

【解析】首先明确，公积金在转增资本时，不用考虑任意公积金的数额。其次，参见《公司法》第168条第2款的规定："法定公积金转为资本时，所留存的该项公积金不得少于转增前公司注册资本的25%。"

A选项不当选。因（1000-500）< 3000×25%，不符合法律的规定。

B选项当选。《公司法》对任意公积金转资数额没有限制。

C选项当选。将法定公积金200万元转为公司资本，因（1000-200）> 3000×25%，故可行。

D选项不当选。将法定公积金300万元转为公司资本，因（1000-300）< 3000×25%，故不可行。

27. 【考点】股东权利（请求法院解散公司权）

【答案】D

【解析】A选项不当选。《公司法解释（二）》第2条规定，股东提起解散公司诉讼，同时又申请人民法院对公司进行清算的，人民法院对其提出的清算申请不予受理。

B选项不当选。《公司法解释（二）》第4条第1款规定，股东提起解散公司诉讼应当以公司为被告。该项错误是以其他股东为共同被告。

C选项不当选。该项财产保全是有前提限制的，即"在股东提供担保且不影响公司正常经营的情形下，法院可予以保全"。

D选项当选。公司清算时法人资格尚未丧失，《公司法解释（二）》第10条第1款规定，公司依法清算结束并办理注销登记前，有关公司的民事诉讼，应当以公司的名义进行。

28. 【考点】公司解散诉讼（公司僵局）

【答案】AC

解析 A、C选项当选。公司持续2年以上无法作出有效股东会决议、董事长期冲突，均符合公司经营管理机制失灵的情形，股东有权请求解散公司。(《公司法》第182条，《公司法解释(二)》第1条第1款第2、3项)

B选项不当选。由于解散公司之诉的前提是发生“公司经营管理发生严重困难”的僵局状态，而B选项原因是“知情权”受到侵害，正确的解决途径是股东提出“知情权诉讼”，而非“解散公司诉讼”。

D选项不当选。该选项情形属于“该死不死改章程”，应按照《公司法》第74条第1款第3项的规定，由异议股东请求公司收购股权。D选项股东请求解散公司，是错误的。

29. 考点 公司清算

答案 B

解析 A选项不当选。清算组在清理公司财产、编制资产负债表和财产清单后，应当制定清算方案，并报股东会、股东大会或者人民法院确认。(《公司法》第186条第1款) 所以清算方案无需经职工代表大会确认。

B选项当选。有限责任公司的股东在公司解散后，恶意处置公司财产给债权人造成损失，或者未经依法清算，以虚假的清算报告骗取公司登记机关办理法人注销登记，债权人有权主张其对公司债务承担相应赔偿责任。(《公司法解释(二)》第19条)

C选项不当选。“应付职工工资”和“职工所欠购房款”，二者属于不同的清算顺序，不能抵销。

D选项不当选。清算期间，公司存续，但不得开展与清算无关的经营活动。(《公司法》第186条第3款)

30. 考点 公司清算（怠于履行清算义务的责任）

答案 BC

解析 根据《公司法解释(二)》第18条第2款的规定，有限责任公司股东因怠于履行义务，导致公司主要财产、账册、重要文件等灭失，无法进行清算的，债权人可主张其对公司债务承担连带清偿责任。

A选项错误。A公司的诉讼请求是要求“全体股东”承担赔偿责任，没有考虑到仅“怠于履行义务的股东”对公司债务承担连带责任。

D选项错误。乙和丙不构成“怠于履行义务”，所以无需对公司债务承担连带责任。《九民纪要》第14点明确规定，有限责任公司的股东举证证明其已经为履行清算义务采取了积极措施，或者小股东举证证明其既不是公司董事会或者监事会成员，也没有选派人员担任该机关成员，且从未参与公司经营管理，不构成“怠于履行义务”。并且，《九民纪要》第15点规定，有限责任公司的股东举证证明其“怠于履行义务”的消极不作为与“公司主要财产、账册、重要文件等灭失，无法进行清算”的结果之间没有因果关系，主张其不应对公司债务承担连带清偿责任的，人民法院依法予以支持。

第2章 合伙企业法

第13讲 普通合伙企业

31. 罗某2009年结婚，后于2012年以夫妻共同的一处房屋出资和乙、丙开办了一家科技创新企业（普通合伙企业），罗某持有60%的财产份额。2015年，夫妻二人感情破裂，协议离婚，罗妻提出就罗某持有的上述财产份额进行分割。下列判断正确的是：（　　）

A. 因罗某是以婚后共同财产出资，故罗妻离婚时可以取得上述罗某一半的财产份额

B. 如果乙和丙同意，罗妻离婚时可以取得上述罗某一半的财产份额

C. 如果乙和丙不同意罗某转让财产份额给其妻，则乙和丙应当购买罗某的财产份额，不购买的视为同意

D. 若乙和丙在30日内未答复，视为同意罗某转让财产份额给其妻

考点 财产份额转让（普通合伙企业）

32. 甲、乙、丙、丁四人共同成立一家普通合伙企业，某天，甲向张三借款10万元，在其他合伙人不知情的情况下，将其持有的合伙企业份额出质给张三。后甲未能按照约定向张三偿还10万元。下列说法正确的是：（　　）

A. 若张三对于甲未征得他方同意而出质份额一事不知情，则张三可以取得质权

B. 甲将其财产份额质押需经工商局登记生效

C. 因甲出质财产份额未征得其他合伙人同意，故其出质行为无效

D. 若因甲的个人债务清偿，法院强制执行甲在合伙企业中的财产份额，甲应通知其他合伙人

考点 财产份额出质（普通合伙企业）

33. 于青是某普通合伙企业的事务执行人，他在执行合伙企业事务时，未经其他合伙人同意实施的下列行为，哪些违反了《合伙企业法》的规定？（　　）

A. 为该合伙企业购置了一处房产作为培训教室

B. 为购置上述房屋将合伙企业的一套设备抵押给银行作为担保

C. 以上述房屋的产权证为另一公司的贷款提供抵押担保

D. 聘请从竞争企业处辞职的李末担任本合伙企业的经营管理人员

[考点] 事务执行规则（普通合伙企业）

34. 甲、乙、丙、丁四人合伙开了一家餐馆（普通合伙企业）。四人签订了书面合伙协议，协议内容较简单，只约定由甲担任合伙执行人，未约定合伙的表决程序、利润分配、合伙期限等其他内容。企业经营过程中的下列行为或者意见，符合《合伙企业法》的是：（　　）

A. 甲认为，如果协议确定自己是合伙事务执行人，其他合伙人不得再执行合伙事务

B. 其他合伙人认为其仍有权监督甲执行事务的情况并有权提出异议

C. 经全体合伙人一致同意，聘请黄某为经营管理人，所以黄某可同时成为合伙人

D. 合伙人会议上甲提议将餐馆名字改为“萱草湘菜馆”，仅丁反对。该表决为有效表决

[考点] 事务执行

35. 栗子是一名普通合伙人，现栗子个人债务共计 30 万元，她在合伙企业中共有财产份额 18 万元，待分配利润 2 万元。则债权人可以采取下列哪一方式获得清偿？（　　）

A. 债权人可以就栗子的财产份额和待分配利润请求法院强制执行，但必须扣除栗子在合伙企业中应当承担的债务份额

B. 债权人可以以欠合伙企业的 8 万元抵销栗子的相应债务

C. 债权人可以取代栗子成为合伙人以此抵销栗子的债务

D. 债权人可以就该 18 万元财产份额和 2 万元待分配利润请求法院强制执行

[考点] 合伙人债务的清偿规则

36. 向某为尚文律师事务所的合伙人，在接受万方股份公司对外投资并购调查

的服务时，没有尽职尽责核查被并购公司的基本信息和业务情况，采用被并购方提供的已经过期作废的批准文件等作为法律意见的依据。后因该次并购，万方股份公司损失巨大。该律师事务所其他合伙人对向某的行为并不知情。现就该事件的处理，下列哪些选项符合法律的规定？(　　)

A. 尚文律师事务所应当对万方股份公司的损失承担赔偿责任

B. 向某的行为属于职务行为，其在执业活动中造成的合伙企业债务应当由全体合伙人承担无限连带责任

C. 律所财产不足清偿时，向某承担无限责任，其他合伙人以其在合伙企业中的财产份额为限承担责任

D. 律所财产不足清偿时，向某承担无限责任，其他合伙人以认缴出资为限承担清偿责任

考点 特殊普合企业（责任承担规则）

第14讲 有限合伙企业

37. 张某、李某、甲国有独资公司、乙股份公司共同设立萱草动漫制作合伙企业，张某仅以认缴出资额为限对企业债务承担责任，其他人均以现金出资。在合伙协议没有约定的情况下，合伙人的下列行为符合法律规定的是：(　　)

A. 鉴于张某有丰富的经营管理经验，推举张某为合伙事务执行人

B. 甲国有独资公司怀疑企业连年亏损的原因，要求查阅企业的财务会计账簿

C. 该合伙企业对一笔已到期的债权怠于请求偿还，张某决定以自己名义起诉对方当事人

D. 甲国有独资公司可以同他人一道经营和本合伙企业相竞争的业务

考点 有限合伙企业（事务执行规则）

38. 大甲、小甲等五人设立景泰投资有限合伙企业，大甲、小甲为有限合伙人，其他三人为普通合伙人。大甲有一定的管理经验，主动和其他合伙人一同考察在云南的咖啡种植投资项目，并在和客户洽谈时经常发表自己的意见。小甲忙于自己的事务，无暇参与景泰合伙企业的运营。云南的MG公司虽然数次与该合伙企业接洽，但不知道大甲为有限合伙人。后大甲以合伙企业

的名义与MG公司签订了咖啡豆购买协议。该份协议签订后不久，景泰合伙企业经营陷入困境，无法足额支付货款。就该纠纷的处理，下列说法正确的是：（　　）

A. 大甲擅自执行合伙事务，景泰合伙企业主张和MG公司的该份合同可撤销

B. 为保护善意第三人的利益，景泰合伙企业不能清偿部分由全体合伙人承担连带责任

C. 就该笔交易，小甲不知情，无需对企业债务承担连带赔偿责任

D. 高某是普通合伙人，就该笔业务的谈判不知情，也不是事务执行人，其无需对该笔债务承担清偿责任

考点 表见普通合伙

39. 周某、吴某、郑某、王某四人开了一家“心语”咨询服务有限合伙企业，其中周某和吴某是有限合伙人，郑某与王某是普通合伙人。现出现下列情况，当合伙协议没有规定时，处理符合《合伙企业法》的规定的有哪些？（　　）

A. 周某欲向李娜转让其在合伙企业中的财产份额，应当提前30日通知其他合伙人，其他合伙人在同等条件下享有优先购买权

B. 郑某向韩海转让其在合伙企业中的财产份额，须经其他合伙人一致同意，且在同等条件下其他合伙人享有优先购买权

C. 吴某的债权人邓明请求法院强制执行吴某的财产份额，法院应当通知全体合伙人，且其他合伙人在同等条件下有优先购买权

D. 王某的债权人孙丽请求法院强制执行王某的财产份额，其他合伙人不享有优先购买权

考点 财产份额的转让

40. 萱草合伙企业有甲等5名合伙人，由于合伙企业效益不好，合伙人甲萌生退意并得到其他合伙人一致同意。甲退伙时，合伙企业负债30万元，但企业尚有价值10万元的财产。对甲退伙时应当承担的责任，下列哪些说法是正确的？（　　）

A. 甲如果是普通合伙人，应对30万元债务承担连带责任

B. 甲如果是普通合伙人，应当先以企业财产10万元清偿，甲对余下的20万元债务承担连带责任

C. 甲如果是有限合伙人，应当在其出资限额内对企业债务承担清偿责任

D. 甲如果是有限合伙人，应当以其退伙时从有限合伙企业中取回的财产承担责任

[考点] 退伙（退伙的后果）

41. 甲、乙、丙、丁四人成立从事软件开发的有限合伙企业，丙、丁为有限合伙人，其余二人为普通合伙人。在企业经营过程中发生合伙人之间的转换，如果合伙协议没有约定，下列哪些选项是正确的？（　　）

A. 甲转变为有限合伙人后，对其作为普通合伙人期间合伙企业发生的债务承担无限连带责任

B. 甲欲转变为有限合伙人，应当经全体合伙人过半数同意

C. 若丙、丁均转变为普通合伙人，则合伙企业应当变更登记为普通合伙企业

D. 若甲、乙均转变为有限合伙人，因所有合伙人均承担有限责任，合伙企业可变更登记为有限公司

[考点] 合伙人之间的转换

答案及解析

31. [考点] 财产份额转让（普通合伙企业）

[答案] B

[解析] A选项错误，B选项正确。罗某离婚时财产份额的分割问题，实质是合伙份额的对外转让问题。因为财产份额代表一种身份，代表合伙人资格，所以其配偶不能直接取得一半的财产份额。

C、D选项错误。C、D选项均具有迷惑性。除合伙协议另有约定外，普通合伙人向外人转让其财产份额时，须经其他合伙人一致同意。（《合伙企业法》第22条第1款）由于本题企业类型是“普通合伙企业”，而不是“有限责任公司”，因此，其他合伙人不同意转让的，无需购买，也没有“视为同意转让”的规定。（不要混淆：有限责任公司股东对外转让股权的规则）

32. [考点] 财产份额出质（普通合伙企业）

[答案] C

【解析】A、C选项，财产份额出质需要其他合伙人同意，未经一致同意，合伙人的出质行为无效。(《合伙企业法》第25条) 所以，张三不能善意取得财产份额的质权。故A选项错误，C选项正确。

B选项，合伙企业中，在财产份额出质程序上，只需其他合伙人一致同意，无需工商局登记生效。故B选项错误。

D选项，应当是“法院”通知，而非“甲”通知。《合伙企业法》第42条第2款规定：“人民法院强制执行合伙人的财产份额时，应当通知全体合伙人，其他合伙人有优先购买权；其他合伙人未购买，又不同意将该财产份额转让给他人的，依照本法第51条的规定为该合伙人办理退伙结算，或者办理削减该合伙人相应财产份额的结算。”故D选项错误。

33. 【考点】事务执行规则（普通合伙企业）

【答案】CD

【解析】《合伙企业法》第31条规定：“除合伙协议另有约定外，合伙企业的下列事项应当经全体合伙人一致同意：①改变合伙企业的名称；②改变合伙企业的经营范围、主要经营场所的地点；③处分合伙企业的不动产；④转让或者处分合伙企业的知识产权和其他财产权利；⑤以合伙企业名义为他人提供担保；⑥聘任合伙人以外的人担任合伙企业的经营管理人员。”可知：

A选项不当选。“处分合伙企业的不动产”需要一致同意，但“购置房屋”并不需要合伙人一致同意。

B选项不当选。“以合伙企业名义为他人提供担保”需要一致同意，但该项是“为合伙企业自己提供担保”，并不需要合伙人一致同意。

34. 【考点】事务执行

【答案】A

【解析】B选项不当选，非执行人没有“异议权”。

C选项不当选，外人成为普通合伙人，除了应当经全体合伙人一致同意外，还需要依法订立书面入伙协议。(《合伙企业法》第43条第1款)

D选项不当选，根据《合伙企业法》第31条第1项的规定，改变合伙企业的名称，应当经全体合伙人一致同意。

35. 考点 合伙人债务的清偿规则

答案 D

解析 A选项不当选，错误是“扣除栗子在企业中应当承担的债务份额”，因为普通合伙人对企业债务承担连带责任，而非按份责任。合伙人的自有财产不足清偿其与合伙企业无关的债务的，该合伙人可以以其从合伙企业中分取的收益用于清偿；债权人也可以依法请求人民法院强制执行该合伙人在合伙企业中的财产份额用于清偿。(《合伙企业法》第42条第1款)

B、C选项不当选，合伙人的个人债务“禁止抵销、禁止代位”。(《合伙企业法》第41条规定：“合伙人发生与合伙企业无关的债务，相关债权人不得以其债权抵销其对合伙企业的债务；也不得代位行使合伙人在合伙企业中的权利。”)

36. 考点 特殊普合企业（责任承担规则）

答案 AC

解析 A选项当选。虽然律师事务所是特殊普通合伙企业，但仍然属于“普通合伙企业”，所以该笔企业债务首先由企业财产承担清偿责任。

B选项不当选，错误是“全体合伙人”承担无限连带责任。

C、D选项，对合伙企业财产不足清偿的债务部分，一个合伙人或者数个合伙人在执业活动中因故意或者重大过失造成合伙企业债务的，应当承担无限责任或者无限连带责任，其他合伙人以其在合伙企业中的财产份额为限承担责任（《合伙企业法》第57条第1款）。故C选项当选；D选项不当选，错误为“以认缴出资为限”。

37. 考点 有限合伙企业（事务执行规则）

答案 BCD

解析 该合伙企业仅能采用“有限合伙企业”形式，因为合伙人之一“甲国有独资公司”仅能成为有限合伙人，并且张某仅以出资为限承担责任，也只能成为有限合伙人。

A选项不当选。有限合伙企业仅能由普通合伙人执行合伙事务，有限合伙人不执行合伙事务，不得对外代表有限合伙企业。本题，张某身份为有限合伙人，不能担任事务执行人。

B、C选项当选，均为有限合伙人可以从事的事务。(《合伙企业法》第

68条第2款规定："有限合伙人的下列行为，不视为执行合伙事务：①参与决定普通合伙人入伙、退伙；②对企业的经营管理提出建议；③参与选择承办有限合伙企业审计业务的会计师事务所；④获取经审计的有限合伙企业财务会计报告；⑤对涉及自身利益的情况，查阅有限合伙企业财务会计账簿等财务资料；⑥在有限合伙企业中的利益受到侵害时，向有责任的合伙人主张权利或者提起诉讼；⑦执行事务合伙人怠于行使权利时，督促其行使权利或者为了本企业的利益以自己的名义提起诉讼；⑧依法为本企业提供担保。"）

D选项当选。有限合伙人可以同本有限合伙企业进行交易；但是，合伙协议另有约定的除外。（《合伙企业法》第70条）

38. 考点 表见普通合伙

答案 C

解析 大甲的行为构成"表见普通合伙"。

A选项错误。MG公司是善意第三人，故该合同有效。

B、D选项错误，C选项正确。对MG公司的债务，景泰合伙企业财产不足清偿的部分由大甲和其他普通合伙人承担连带责任，小甲无需承担连带责任。（《合伙企业法》第76条第1款规定："第三人有理由相信有限合伙人为普通合伙人并与其交易的，该有限合伙人对该笔交易承担与普通合伙人同样的责任。"）

39. 考点 财产份额的转让

答案 BC

解析 A选项，有限合伙人（周某）对外转让财产份额，仅需提前30日通知其他合伙人，无需其他合伙人同意。（《合伙企业法》第73条）所以其他合伙人没有优先购买权。故A选项不当选。

B选项，为了维护普通合伙企业极强的人合性，普通合伙人（郑某）向外人转让其财产份额的，须经其他合伙人一致同意，并且在同等条件下其他合伙人有优先购买权。（《合伙企业法》第23条）故B选项当选。

C、D选项，均是针对法院强制执行财产份额。无论是有限合伙人还是普通合伙人，其财产份额被执行，均是为了保护债权人的利益，所以法律规定其他合伙人有优先购买权。（《合伙企业法》第42条第2款–普通合伙人、《合伙企业法》第74条第2款–有限合伙人）这种规定是为了更好地维护债权人的利益，使其债权能够尽快得到实现。故C选项当选，D选项不当选。

40. 考点 退伙（退伙的后果）

答案 AD

解析 A选项正确，甲作为普通合伙人，退伙时债务的清偿规则见《合伙企业法》第53条的规定："退伙人对基于其退伙前的原因发生的合伙企业债务，承担无限连带责任。"

D选项正确，甲作为有限合伙人，退伙时债务的清偿规则见《合伙企业法》第81条的规定："有限合伙人退伙后，对基于其退伙前的原因发生的有限合伙企业债务，以其退伙时从有限合伙企业中取回的财产承担责任。"

41. 考点 合伙人之间的转换

答案 AC

解析 A选项正确。《合伙企业法》第84条规定："普通合伙人转变为有限合伙人的，对其作为普通合伙人期间合伙企业发生的债务承担无限连带责任。"

B选项错误。《合伙企业法》第82条规定："除合伙协议另有约定外，普通合伙人转变为有限合伙人，或者有限合伙人转变为普通合伙人，应当经全体合伙人一致同意。"B选项错误是"过半数同意"。

C选项正确。因全体有限合伙人均转变为普通合伙人，该合伙企业不再符合有限合伙企业构成的要求，故应当变更登记为普通合伙企业。（《合伙企业法》第75条）

D选项错误。该合伙企业因为没有承担无限责任的普通合伙人，所以应当解散。（《合伙企业法》第75条）

第3章　个人独资企业法

第15讲　个人独资企业法律规则

42. 2015年6月，张某出资100万元，成立昌盛有限责任公司（自然人独资）。2017年1月，张某又出资设立大华印染厂（个人独资企业）。2018年3月，昌盛公司欠刘某货款80万元。关于本案，下列哪一选项是正确的？（　　）

A. 昌盛公司可以和大华印染厂共同出资设立一家有限责任公司

B. 张某在设立昌盛公司后不得再投资设立大华印染厂

C. 张某在设立昌盛公司后可以再投资设立一人公司

D. 刘某可以张某为昌盛公司唯一股东为由，要求张某承担连带责任

[考点] 一人公司和个人独资企业的区别

43. 甲于2008年设立个人独资企业，设立登记时注明是以家庭共有财产作为个人出资，当时家庭共有财产仅有一套20万元的房屋。甲在经营企业期间也常常炒股，积累的炒股收益为100万元。2019年，甲决定解散该个人独资企业。清算时发现尚欠银行债务120万元，现在房屋评估后价值40万元。关于该项债务的清偿责任，应如何确定？（　　）

A. 甲以设立登记时的家庭共有房屋原值20万元对银行债务承担无限责任，但不包括炒股收益的100万元

B. 甲以设立登记时家庭共有房屋现价40万元对银行承担责任，但不包括炒股收益的100万元

C. 甲以全部家庭共有财产承担无限责任

D. 该个人独资企业解散后，甲对企业存续期间的债务，仍应一直承担偿还责任

[考点] 个人独资企业债务清偿

答案及解析

42. 考点 一人公司和个人独资企业的区别

答案 A

解析 A选项正确。有限公司的股东可以是自然人、法人，也可以是其他组织。故昌盛公司作为法人，大华印染厂作为个人独资企业，可以设立有限公司，成为其股东。

B选项错误。法律并不禁止自然人同时设立有限责任公司和个人独资企业。

C选项错误。《公司法》第58条规定："一个自然人只能投资设立一个一人有限责任公司。该一人有限责任公司不能投资设立新的一人有限责任公司。"

D选项错误。对于公司债务，一人有限责任公司股东以出资额为限承担有限责任。

43. 考点 个人独资企业债务清偿

答案 C

解析《个人独资企业法》第18条规定："个人独资企业投资人在申请企业设立登记时明确以其家庭共有财产作为个人出资的，应当依法以家庭共有财产对企业债务承担无限责任。"据此，C选项当选，A、B选项不当选。

《个人独资企业法》第28条规定："个人独资企业解散后，原投资人对个人独资企业存续期间的债务仍应承担偿还责任，但债权人在5年内未向债务人提出偿债请求的，该责任消灭。"据此，D选项不当选，错在"一直承担"。

第4章 外商投资企业法

第16讲 外商投资法律规则

44. 根据我国《外商投资法》对外商投资企业的投资促进措施的相关规定，下列说法正确的有哪些？（　　）

A. 外商投资限于外国投资者单独或者与其他投资者共同在中国境内设立外商投资企业

B. 在投资准入阶段给予外国投资者及其投资不低于本国投资者及其投资的待遇

C. 外商投资企业不受我国制定的强制性标准的约束

D. 外商投资企业可以在中国公开发行股票、公司债券等证券

[考点] 外商投资促进措施

45. 根据我国《外商投资法》对外商投资企业的投资保护措施的相关规定，下列说法错误的有哪些？（　　）

A. 为保障在外商投资过程中开展技术合作，行政机关及其工作人员可以利用行政手段强制转让技术

B. 地方政府制定涉及外商投资的规范性文件可根据当地经济和社会发展需要设置市场准入和退出条件

C. 地方政府及其有关部门可依权限和程序改变向外国投资者作出的政策承诺

D. 国家对外国投资者的投资原则上不实行征收

[考点] 外商投资法律规则（投资保护）

46. 针对外商投资企业的投资管理行为，《外商投资法》规定了下列哪些措施？（　　）

A. 实行外商投资准入负面清单管理制度

B. 外国投资者参与经营者集中的，应当依照《反垄断法》的规定接受经营者集中审查

C. 国家对影响或者可能影响国家安全的外商投资进行安全审查，对该安全审查决定不服的，外国投资者可以上诉

D. 准入负面清单规定禁止投资的领域，外国投资者不得投资

[考点] 外商投资法律规则（投资保护）

答案及解析

44. [考点] 外商投资促进措施

[答案] BD

[解析] A选项错误为“限于……”。外商投资形式参见《外商投资法》第2条第2款的规定：“本法所称外商投资，是指外国的自然人、企业或者其他组织（以下称外国投资者）直接或者间接在中国境内进行的投资活动，包括下列情形：①外国投资者单独或者与其他投资者共同在中国境内设立外商投资企业；②外国投资者取得中国境内企业的股份、股权、财产份额或者其他类似权益；③外国投资者单独或者与其他投资者共同在中国境内投资新建项目；④法律、行政法规或者国务院规定的其他方式的投资。”

B选项，称为“准入前国民待遇”，表述正确。根据《外商投资法》第4条第2款的规定，准入前国民待遇，是指在投资准入阶段给予外国投资者及其投资不低于本国投资者及其投资的待遇。

C选项错误。《外商投资法》第15条规定：“国家保障外商投资企业依法平等参与标准制定工作，强化标准制定的信息公开和社会监督。国家制定的强制性标准平等适用于外商投资企业。”

D选项正确。《外商投资法》第17条规定：“外商投资企业可以依法通过公开发行股票、公司债券等证券和其他方式进行融资。”

45. [考点] 外商投资法律规则（投资保护）

[答案] ABC

[解析] A选项错误，当选。《外商投资法》第22条第2款规定：“国家鼓励

在外商投资过程中基于自愿原则和商业规则开展技术合作。技术合作的条件由投资各方遵循公平原则平等协商确定。行政机关及其工作人员不得利用行政手段强制转让技术。”

B选项错误，当选。《外商投资法》第24条规定：“各级人民政府及其有关部门制定涉及外商投资的规范性文件，应当符合法律法规的规定；没有法律、行政法规依据的，不得减损外商投资企业的合法权益或者增加其义务，不得设置市场准入和退出条件，不得干预外商投资企业的正常生产经营活动。”

C选项错误，当选。改变政策承诺的前提条件是“国家利益、社会公共利益需要”。(《外商投资法》第25条第2款)

D选项正确，不当选。《外商投资法》第20条第1款规定：“国家对外国投资者的投资不实行征收。”（建议：同学们做此类选项时，只考虑“一般规则”，不要考虑“特殊情况”，即不要考虑《外商投资法》第20条第2款的规定：“在特殊情况下，国家为了公共利益的需要，可以依照法律规定对外国投资者的投资实行征收或者征用。”D选项表述的是一般规则，该表述正确。)

46. 考点 外商投资法律规则（**投资保护**）

答案 ABD

解析 A选项当选。参见《外商投资法》第4条第1款的规定：“国家对外商投资实行准入前国民待遇加负面清单管理制度。”

B选项当选。参见《外商投资法》第33条的规定：“外国投资者并购中国境内企业或者以其他方式参与经营者集中的，应当依照《中华人民共和国反垄断法》的规定接受经营者集中审查。”

C选项不当选。参见《外商投资法》第35条的规定：“国家建立外商投资安全审查制度……依法作出的安全审查决定为最终决定。”

D选项当选。分三类管理：①外商投资准入负面清单规定禁止投资的领域，外国投资者不得投资；②外商投资准入负面清单规定限制投资的领域，外国投资者进行投资应当符合负面清单规定的条件；③外商投资准入负面清单以外的领域，按照内外资一致的原则实施管理。（《外商投资法》第28条）

第5章 破产法

第17讲 破产案件的申请和受理

47. 甲公司主营业务为生产特种工业模板，现因突然遭遇国际金融危机，加之经营不善、管理混乱，甲公司股东会决议解散公司。在清算时发现，该公司除生产特种工业模板的设备外已无其他可供执行的财产，而该生产线适用领域狭窄且设备陈旧、技术落后，导致多次拍卖都因无人竞拍而流拍。现在甲公司无法清偿到期债务。下列哪些说法是错误的？（　　）

A. 经查，甲公司的账面资产为500万元，现对外负债480万元，所以甲公司不属于明显缺乏清偿能力，不具备破产原因

B. 清算组发现甲公司董事长张某下落不明，公司无其他负责管理财产的人员，所以甲公司属于明显缺乏清偿能力

C. 金公司以对甲公司的债务负有连带责任的人未丧失清偿能力为由，主张甲公司不具备破产原因

D. 甲公司提出破产申请时，应当同时提供其财产状况说明、债务清册、债权清册等材料，拒不提供的，法院可以裁定不予受理

[考点] 破产案件的申请（破产原因）

48. 甲公司因不能清偿到期债务而向法院申请破产，法院受理了其破产申请。随后，相应的机关和当事人实施了以下行为，其中哪一选项的主张是符合法律规定的？（　　）

A. 丙银行主张立即对设定了抵押担保的楼房进行拍卖

B. 在债权申报期间，甲公司对其确定数额的债权人进行清偿

C. 债权人只对驳回破产申请的裁定和不予受理的裁定可以提出上诉

D. 法院可以对破产程序作出裁定，也可以作出判决

考点 破产案件受理的后果

第18讲 管理人与债权人会议

49. 蓝天制药公司被抽查时发现大量药品和疫苗造假，此事件曝光导致企业经营陷入困境、无法挽回，不能清偿到期债务，现其债权人向法院申请破产。法院受理后，指定甲会计师事务所为管理人。关于管理人的职责和行为，下列判断正确的是：(　　)

A. 甲会计师事务所应向法院报告工作，故其列席债权人会议时有权拒绝回答债权人关于职务执行情况的询问

B. 甲会计师事务所对于白云公司已经履行完毕但蓝天公司尚未履行完的一笔购销合同，决定继续履行

C. 甲会计师事务所有权代表蓝天公司管理和处分债务人财产

D. 甲会计师事务所转让全部库存或者营业的，应当及时报告债权人委员会

考点 破产管理人（职权）

第19讲 破产费用、共益债务与破产债权

50. 萱草船舶制造有限公司因经营危机不能清偿到期债务，2018 年 5 月 1 日被法院受理破产。在破产程序中，相关主体申报的下列事项属于应当依法申报的破产债权的是：(　　)

A. 张女士于 2017 年 10 月被该公司的保安人员殴打致伤住院治疗，要求赔偿医疗费 15 000 元

B. 市劳动和社会保障局要求萱草船舶制造有限公司补交职工各项社会保险费共计 30 万元

C. 在董事和经理等高管人员返还公司普遍拖欠职工工资的情况下，其获取的工资性收入所形成的债权，应作为拖欠职工工资清偿

D. 破产受理前针对萱草船舶制造有限公司未终结的执行程序中，发生的财产的评估、拍卖费等共计 5 万元

考点 破产债权

51. 萱草公司因资不抵债，不能清偿到期债务，其破产申请于 2019 年 11 月 11 日被法院受理，破产清偿率为 10%。管理人查明，萱草公司曾为东方公司与建设银行的一笔 150 万元贷款提供一般保证，该贷款合同于 2020 年 6 月到期。就该笔保证债权的处理，下列选项正确的是：(　　)

A. 因东方公司的主债务尚未到期，建设银行不得申报其对萱草公司的保证债权

B. 因萱草公司是一般保证的保证人，故其可主张先诉抗辩权

C. 若东方公司该笔债务违约，萱草公司的管理人可以向东方公司主张 150 万元债务金额的求偿权

D. 若东方公司也被法院受理破产，且建设银行向二者分别全额申报，萱草公司履行保证责任后不可再向东方公司求偿

[考 点] 破产债权（保证人破产）

第20讲　债务人财产

52. 萱草船舶制造有限公司因航运市场总体低迷，陷入经营困境，不能清偿到期债务且资不抵债，其破产申请于 2019 年 11 月 11 日被法院受理。下列哪些行为，可由管理人向法院申请予以撤销？(　　)

A. 萱草公司与天海钢铁有限公司签订钢材买卖协议，根据该协议，收到钢材后，萱草公司应于 2019 年 10 月 1 日向天海钢铁有限公司支付材料款 200 万元。2019 年 3 月 1 日，萱草公司提前清偿了上述材料款

B. 2018 年 12 月，萱草公司将市场价格 200 万元的零部件以 50 万元价格出售给了关联企业

C. 2019 年 1 月，萱草公司将一笔借款变更为担保借款，将厂房作为抵押物抵押给了债权人

D. 2019 年 10 月，萱草公司经法院强制执行，划拨了一笔 200 万元款项

[考 点] 破产撤销权

53. 在黄岛啤酒公司的破产案件中，黄岛啤酒公司的债权人主张抵销互负的债权债务。黄岛公司的破产管理人提出的下列意见，可以依法成立的是：(　　)

A. 管理人认为，破产申请受理时债权人对黄岛公司负有的债务尚未到期，不可抵销

B. 管理人主张，双方互负债务的标的物种类以及品质不同，不可抵销

C. 管理人主张，黄岛公司拖欠张某的货款不可抵销张某欠缴黄岛公司的出资款 10 万元

D. 丙公司主张抵销 50 万元：“我公司欠黄岛公司工程款 100 万元。在黄岛公司破产申请受理后，M 建材厂将其对黄岛公司的 50 万元债权转移给我公司，以抵偿其欠我公司的债务。”管理人反对该主张

考点 破产抵销权

54. 甲公司和乙公司签订了一份货物购销合同，乙公司将一批进口货物销售给甲公司，并委托丙公司负责运送。就在乙公司把货物交付给丙公司发运的第 10 天，乙公司收到法院已经受理了甲公司破产申请的通知。乙公司立刻通知承运人丙公司变更目的地。但由于已经距离甲公司的仓库码头非常近，丙公司仍将该批货物运送到甲公司，并且甲公司也已经验货入库。现就该批货物出现的纠纷，下列处理符合《企业破产法》规定的是：(　　)

A. 如果甲公司尚未收到且未付清全部价款，则乙公司可以取回在运途中的货物，但本题中货物已经运到，故乙公司不得取回

B. 如果乙公司主张取回该批在途货物，其应当在破产财产分配方案提交债权人会议表决前向管理人提出

C. 乙公司不得取回该批货物，但可以要求丙公司承担赔偿责任

D. 乙公司已经对在运途中的货物主张了取回权，故即使在货物到达甲公司后，乙公司仍然可以取回该批货物

考点 取回权（在途货物的取回）

55. 2015 年 12 月，元盛公司委托甲公司代为保管一批货物，后甲公司未经元盛公司同意，将该批货物转让给乙公司，乙公司支付货款 138 万元。2016 年 8 月，甲公司的破产申请被法院受理。对此，下列说法正确的是：(　　)

A. 若甲公司的转让行为发生在 2016 年 3 月，且乙公司善意取得，则元盛公司应当向管理人申报债权

B. 若甲公司的转让行为发生在 2016 年 9 月，且乙公司善意取得，则元盛公司应当向管理人申报债权

C. 若甲公司的转让行为发生在 2016 年 2 月，且乙公司刚刚支付价款时即被元盛公司知晓，则元盛公司应当向管理人申报债权

D. 若甲公司的转让行为发生在2016年9月，且乙公司刚刚支付价款时即被元盛公司知晓，则乙公司可要求将已经支付的货款列为共益债务

考点 权利人的取回权（违法转让）

56. 甲公司向乙公司出售一台大型设备，约定合同签订时甲公司向乙公司交付该大型设备，但在乙公司付清尾款之前，甲公司保留该大型设备的所有权。乙公司应当自设备交付后，每2个月向甲公司支付合同价款的25%，分四期付清价款。甲公司遂按约定向乙公司交付了设备。2016年5月，乙公司被法院受理破产申请，此时，乙公司仅支付了20%的价款。对此，下列说法正确的是：（　　）

A. 该买卖合同是否履行由甲公司与乙公司协商确定

B. 若乙公司管理人决定继续履行合同，管理人应当按照原合同约定，每2个月向甲公司支付合同价款的25%

C. 若乙公司管理人决定继续履行合同，甲公司有权要求乙公司一次性付清全部剩余价款

D. 若乙公司管理人决定解除合同，甲公司可取回设备，并在扣除设备损失后，将乙公司已支付价款返还

考点 基于所有权保留买卖协议的取回权

第21讲 重整程序、和解程序与破产清算程序

57. 金萱公司申请破产重整被法院受理，现召开债权人会议讨论重整方案。就该重整程序，下列说法正确的是：（　　）

A. 金萱公司具备破产原因时，既可以自行申请重整，也可以由出资额占债务人注册资本1/10以上的出资人直接向法院申请重整

B. 金萱公司重整草案的通过需要经出席会议的同一表决组的债权人过半数同意，并且其所代表的债权额占该组债权总额的一半以上

C. 债权人参加讨论重整计划草案的债权人会议，需要依照债权分类，分组对重整计划草案进行表决

D. 金萱公司的重整草案表决时，同一表决组的债权人过半数同意，并且其所代表的债权额占该组债权总额的2/3以上的，即可通过重整计划草案

考点 重整程序（重整计划分组表决）

58. A 公司是特大型国有企业，因不能清偿到期债务，申请破产重整并被法院受理。重整计划草案拟引入机构投资者甲有限合伙企业作为重整方，为了使得重整计划能尽快达成，在股权设计上，重整计划草案拟调整股权，A 公司的控股股东和实际控制人转让其全部股权给甲有限合伙企业。同时，A 公司还欠数量众多的供货商金额不大的货款、门店的装修款，再加之近几年均不能足额发放职工工资，拖欠数额巨大的社会保险费用。本案涉及众多利益主体，关于 A 公司的重整程序，下列说法哪些是正确的？(　　)

A. 依据债权金额，人民法院可决定在普通债权组中设小额债权组

B. 出资人权益调整事项应当由股东会决议，出资人无权对重整计划草案中的该事项进行表决

C. 公司所拖欠职工的工资和补偿金等费用，因为无需进行债权申报，相关主体不再参加讨论重整计划草案的债权人会议

D. 公司欠缴的应当划入职工个人账户的基本养老保险费用、基本医疗保险费用不得减免

E. 公司欠缴的应当划入统筹账户的社会保险费用不得减免

[考 点] 重整程序（重整计划的表决）

59. 2016 年 5 月，益信有限公司因资不抵债进入破产重整程序。申发公司对益信有限公司享有 150 万元的到期债权，在债权申报期间未申报。2017 年 3 月，益信有限公司重整计划执行完毕，所有普通债权人的清偿比例均为 30%。对于申发公司的债权，下列说法正确的是：(　　)

A. 益信有限公司无需承担偿还义务

B. 可依据益信有限公司的重整方案，按同性质债权等比例清偿

C. 应由益信有限公司全额清偿

D. 益信有限公司的重整方案对申发公司同样具有法律效力

[考 点] 重整计划的执行

答案及解析

47. [考 点] 破产案件的申请（破产原因）

[答 案] ACD

解析 A选项错误，当选。虽然债务人账面资产大于负债，但“因资金严重不足或者财产不能变现等原因，无法清偿债务”，构成明显缺乏清偿能力，可以启动破产程序。(《破产法解释（一）》第4条第1项)

C选项错误，当选。相关当事人以对债务人的债务负有连带责任的人未丧失清偿能力为由，主张债务人不具备破产原因的，人民法院应不予支持。(《破产法解释（一）》第1条第2款)

D选项错误，当选。根据《破产法解释（一）》第6条第2款的规定，受理破产申请后，债务人拒不提交财产状况说明等材料，人民法院可以对其直接责任人员采取罚款等强制措施。所以，债务人企业即使没有提供财产状况说明等材料，法院也不得以此作为拒绝受理其破产申请的理由。

48. 考点 破产案件受理的后果

答案 C

解析 A、B选项不当选。A、B选项均考查法院受理破产申请后，能否对个别债权人清偿的问题。由于清偿的时间点为“受理破产申请后”，此时还需进行债权申报、债权人会议讨论各种方案，所以，根据《企业破产法》第16条的规定，该种个别清偿无效。

C选项当选。破产申请人对两种裁定可以上诉：不受理破产申请的裁定、驳回破产申请的裁定。

D选项不当选。破产是程序性问题，法院只能作出裁定。

49. 考点 破产管理人（职权）

答案 D

解析 A选项错误。管理人虽然向人民法院报告工作，但要接受债权人会议和债权人委员会的监督。管理人应当列席债权人会议，向债权人会议报告职务执行情况，并回答询问。(《企业破产法》第23条)

B选项错误。人民法院受理破产申请后，管理人对破产申请受理前成立而债务人和对方当事人均未履行完毕的合同有权决定解除或者继续履行。(《企业破产法》第18条第1款) 可知，只有双方均未履行完毕的合同是否继续履行的决定权在管理人手中，而B选项的合同一方已经履行完毕，正确处理方法是由对方（白云公司）申报债权。

C选项错误。管理人有权处分债务人财产，这是管理人的职权，C选项的错误是“代表”。

50. 考点 破产债权

答案 A

解析 B选项不当选。职工债权无需申报，由管理人调查后列出清单并予以公示。(《企业破产法》第48条第2款)

C选项不当选。因返还工资形成的债权分两种情况处理：按照该企业职工平均工资计算的部分作为拖欠职工工资清偿；高出该企业职工平均工资计算的部分，可以作为普通破产债权清偿。(《破产法解释（二）》第24条第3款) 该选项没有分情况分析，所以错误。

D选项不当选。破产受理前债务人尚未支付的执行费用，可以参照关于破产费用的规定，由债务人财产随时清偿。(《破产法解释（三）》第1条第1款) 所以该项财产评估费、拍卖费不列入“破产债权”申报。

51. 考点 破产债权（保证人破产）

答案 D

解析 A选项错误。保证人被裁定进入破产程序的，债权人有权申报其对保证人的保证债权。主债务未到期的，保证债权在保证人破产申请受理时视为到期。(《破产法解释（三）》第4条第1、2款)

B选项错误。保证人被裁定进入破产程序的，一般保证的保证人主张行使先诉抗辩权的，人民法院不予支持。(《破产法解释（三）》第4条第2款)

C选项错误。保证人被确定应当承担保证责任的，其管理人可以就保证人实际承担的清偿额向主债务人或其他债务人行使求偿权。(《破产法解释（三）》第4条第3款) 所以，C选项中萱草公司的管理人可以以实际清偿额15万元行使求偿权。

D选项正确。债务人、保证人均被裁定进入破产程序，债权人向债务人、保证人均申报全部债权的，保证人履行保证责任后不再享有求偿权。(《破产法解释（三）》第5条第2款)

52. 考点 破产撤销权

答案 BC

解析 A选项不当选。破产申请受理前1年内债务人提前清偿的未到期债务，

在破产申请受理前已到期，不可撤销。(《破产法解释（二）》第12条)

B选项当选。该行为属于“受理破产申请前1年内，以明显不合理的价格进行交易的”行为，是可撤销行为。(《企业破产法》第31条第2项)

C选项当选。该行为属于“受理破产申请前1年内，对没有财产担保的债务提供财产担保的”行为，是可撤销行为。(《企业破产法》第31条第3项)

D选项不当选。除债务人与债权人恶意串通损害其他债权人利益外，债务人经诉讼、仲裁、执行程序对债权人进行的个别清偿，不可撤销。(《破产法解释（二）》第15条)

53. 【考点】破产抵销权

【答案】CD

【解析】A、B选项不当选。《破产法解释（二）》第43条规定：“债权人主张抵销，管理人以下列理由提出异议的，人民法院不予支持：①破产申请受理时，债务人对债权人负有的债务尚未到期；②破产申请受理时，债权人对债务人负有的债务尚未到期；③双方互负债务标的物种类、品质不同。”

C选项当选。《破产法解释（二）》第46条规定：“债务人的股东主张以下列债务与债务人对其负有的债务抵销，债务人管理人提出异议的，人民法院应予支持：①债务人股东因欠缴债务人的出资或者抽逃出资对债务人所负的债务；……”

D选项当选。关键是取得债权的时间点。《企业破产法》第40条规定：“……但是，有下列情形之一的，不得抵销：①债务人的债务人在破产申请受理后取得他人对债务人的债权的；……”所以D选项中，丙公司获得M建材厂债权的时间是在黄岛公司破产申请受理之后，在时间上不符合抵销的规定，故二者不能抵销。

54. 【考点】取回权（在途货物的取回）

【答案】D

【解析】根据《破产法解释（二）》第39条第1款的规定，出卖人通过通知承运人或者实际占有人中止运输等方式，对在运途中标的物主张了取回权但未能实现，在买卖标的物到达管理人后，出卖人仍有权向管理人主张取回。故D选项当选。

55. 考点 权利人的取回权（违法转让）

答案 AD

解析 B选项错误。因为转让行为发生在破产申请受理后，正确处理是“作为共益债务”清偿。(《破产法解释（二）》第30条第2项)

C选项错误。乙公司不符合《民法典》第311条规定的“善意取得”的条件，元盛公司作为原权利人可以取回该批货物。(《破产法解释（二）》第31条)

56. 考点 基于所有权保留买卖协议的取回权

答案 CD

解析 本题大前提是签订“所有权保留买卖协议”，现在买受方（乙公司）破产。根据《破产法解释（二）》第37条第1款、第38条的规定，该类合同处理规则如下：

（1）双方签订了“所有权保留买卖协议”，在标的物的所有权未转移给买受人前，一方当事人破产的，该买卖合同属于双方均未履行完毕的合同，管理人有权解除或者继续履行合同。故A选项错在“双方协商”。

（2）买受人破产，其管理人决定继续履行所有权保留买卖合同的，原买卖合同中约定的买受人支付价款或者履行其他义务的期限在破产申请受理时视为到期，买受人管理人应当及时向出卖人支付价款或者履行其他义务。故B选项“依据原合同履行”错误，C选项“一次性付清（及时）价款”正确。

（3）买受人破产，其管理人决定解除所有权保留买卖合同的，出卖人（甲公司）有权主张取回买卖标的物，同时要返还乙公司已支付价款。取回的标的物价值明显减少给出卖人造成损失的，出卖人可从买受人已支付价款中优先予以抵扣后，将剩余部分返还给买受人。故D选项正确。

57. 考点 重整程序（重整计划分组表决）

答案 C

解析 A选项错误。《企业破产法》第70条第2款规定：“债权人申请对债务人进行破产清算的，在人民法院受理破产申请后、宣告债务人破产前，债务人或者出资额占债务人注册资本1/10以上的出资人，可以向人民法院申请重整。”故出资人只能是在破产清算程序启动后，请求转换为重整程序，而不能直接启动重整程序。

B 选项错误。重整计划由债权人会议分组讨论通过；每组内通过的程序为“人数过半+债权额占该组债权总额的 2/3 以上”通过。B 选项错在“债权总额的一半”。

D 选项错误。通过重整计划需要各表决组均通过重整计划草案，并且重整计划要经法院裁定批准。

58. 考点 重整程序（重整计划的表决）

答案 AE

解析 根据《企业破产法》第 82、83 条和第 85 条第 1 款的规定，重整计划表决采取下列规则：

(1) 下列各类债权的债权人分类分组对重整计划草案进行表决：

❶对债务人的特定财产享有担保权的债权；

❷债务人所欠职工的工资和医疗、伤残补助、抚恤费用，所欠的应当划入职工个人账户的基本养老保险、基本医疗保险费用，以及法律、行政法规规定应当支付给职工的补偿金；

❸债务人所欠税款；

❹普通债权。(可在该组类别下，设小额债权组)

重整计划草案涉及出资人权益调整事项的，应当设出资人组，对该事项进行表决。

(2) 重整计划不得规定减免债务人欠缴的上述“❷”以外的社会保险费用；该项费用的债权人不参加重整计划草案的表决。

故 A、E 选项正确。

59. 考点 重整计划的执行

答案 BD

解析 经人民法院裁定批准的重整计划，对债务人和全体债权人均有约束力。债权人未依法申报债权的，在重整计划执行完毕后，可以按照重整计划规定的同类债权的清偿条件行使权利。(《企业破产法》第 92 条第 1、2 款)故 B、D 选项正确。

第6章 票据法

第22讲 票据的一般规定

60. 甲公司因合同关系向乙公司签发了一张以丙银行为付款人的汇票，乙公司将汇票背书转让给大华公司时，在票据上记载“该张票据禁止转让”。丁公司为大华公司建造一栋楼房时，大华公司又将该票据背书转让给丁公司，用以支付工程款。戊公司在汇票上注明“如果丁公司建造的楼房合格，戊公司愿做此汇票的保证人”并签章。后来丁公司建造的楼房被认定为不合格。现丁公司向丙银行提示付款，发现丙银行已经被宣告破产。关于本案，丁公司可以向哪些主体主张票据追索权？（　　）

A. 甲公司　　**B.** 乙公司

C. 大华公司　　**D.** 戊公司

考点 票据追索权

61. 张某拾得金额为8000元的汇票一张，模仿前手的笔迹在票据上签章后送给其女友王某，王某对此并不知情。现王某在汇票到期日持票要求银行付款，银行在审查票据签章时，发现张某签章笔迹不连贯，遂发现该票据签章系伪造。对于王某的付款请求，下列说法正确的是：（　　）

A. 根据票据无因性原则，银行应当支付

B. 该张票据签章系伪造，票据无效，故银行得以拒绝支付

C. 张某取得票据不合法，但因王某不知情，银行应当支付

D. 张某取得票据不合法，且王某无对价取得该票据，银行得以拒绝支付

考点 票据权利（权利瑕疵）

第23讲 票据抗辩和补救

62. 甲公司向乙公司签发了一张银行承兑汇票，并约定货物交付给甲公司后，乙公司才能提示付款。乙公司将汇票背书转让给丙公司，丙公司将汇票背书转让给丁公司。丁公司向银行提示付款时，银行告知丁公司，乙公司未向甲公司交付货物，甲公司指示银行不得付款，而且甲公司未将汇票金额存入银行，银行不能向丁公司付款。现丁公司向乙公司行使追索权，下列说法正确的是：（　　）

A. 银行有权拒绝向丁公司付款

B. 丁公司如果向甲公司行使追索权，甲公司无权抗辩

C. 丁公司如果明知甲公司和乙公司的约定，仍向甲公司行使追索权，甲公司有权抗辩

D. 乙公司如果向甲公司行使追索权，甲公司无权抗辩

[考点] 票据抗辩（对人抗辩事由）

第24讲 汇票与支票

63. 关于票据质押，下列哪些说法是正确的？（　　）

A. 出票人在票据上记载“不得转让”字样的，其后手不得将该票据权利转让

B. 出票人在票据上记载“不得转让”字样的，其后手可将该票据权利质押

C. 以公示催告期间的票据质押的，因质押而接受该票据的持票人可享有票据权利

D. 背书人在票据上记载“质押”字样，其后手将该票据转质押的，是无效背书

E. 背书记载“委托收款”字样的，被背书人不得再以背书转让汇票权利

[考点] 票据背书（质押转让）

64. 甲公司开具了一张金额 50 万元的汇票，收款人为乙公司，付款人为丙银行。乙公司收到后将该汇票背书转让给丁公司。下列同学的说法中，正确的是：（　　）

A. 李同学认为，乙公司背书转让时不得附加任何条件

B. 王同学认为，如果甲公司在出票时于汇票上记载“不得转让”字样，则乙公司的背书转让行为依然有效，但持票人不得向甲公司行使追索权

C. 赵同学认为，如果乙公司在背书时于汇票上记载“不得转让”字样，则乙公司对其后手均不承担票据责任

D. 郑同学认为，汇票上未记载付款日期的，由当事人协商决定；协商不成向人民法院起诉的，由法院酌情决定

考点 票据行为（背书）

65. 甲公司在与乙公司交易中获得一张面额为100万元的汇票，出票人为乙公司，付款人为丙银行。甲公司将该汇票背书转让给宏元公司，丁公司注明“如果宏元公司按时交货，则承担保证责任”，戊公司为宏元公司出具了一份担保函。后宏元公司没有按时交货，并且因为超过付款提示期限被丙银行拒绝付款。据此，下列判断正确的是：（　　）

A. 若宏元公司被拒付，其可以向甲、乙、丁、戊公司主张票据权利

B. 宏元公司被拒付后将该票据背书转让给黄河公司的行为不违反《票据法》的规定

C. 票据保证不得附条件，故丁公司的票据保证违反《票据法》的规定

D. 因为宏元公司没有按时交货，故丁公司不承担票据保证责任

考点 票据行为（保证）

66. 甲公司和乙公司于2016年3月1日签订一份货物买卖合同，约定3日内乙公司向甲公司交付首批货物，并于同日由甲公司签发一张10万元的支票作为首付款，但是乙公司未按照合同约定的期限交付首批货物。随后，乙公司将该支票背书转让给丙公司。现丙公司就该张支票向付款银行请求付款，被银行拒绝。下列选项构成银行拒绝付款的正当理由的有：（　　）

A. 银行发现该张支票记载的付款日期为4月2日，故认定该支票记载事项违法无效

B. 银行查明付款日甲公司在付款银行的实存金额为8万元

C. 付款银行发现该支票与甲公司预留印鉴不符

D. 甲公司已告知银行乙公司违约，并通知银行停止付款

考点 支票（出票、付款规则）

答案及解析

60. 考点 票据追索权

答案 AD

解析 B选项不当选。背书人在汇票上记载"不得转让"字样，其后手再背书转让的，原背书人对后手的被背书人不承担保证责任。(《票据法》第34条) 因为乙公司已经记载"禁止转让"字样，所以乙公司仅对其直接后手（大华公司）承担票据责任，乙公司可以对丁公司进行抗辩。

C选项不当选。票据债务人可以对不履行约定义务的与自己有直接债权债务关系的持票人，进行抗辩。(《票据法》第13条第2款) 本题中，丁公司和大华公司具有"直接债权债务关系"，且丁公司违约，所以大华公司可以抗辩。

61. 考点 票据权利（权利瑕疵）

答案 D

解析 D选项正确。注意本题有两个前提：①张某拾得票据，张某无票据权利；②张某把票据送给王某，即王某无偿取得该票据。上述两个条件同时具备，付款人可以拒绝付款。《票据法》第11条第1款规定："因税收、继承、赠与可以依法无偿取得票据的，不受给付对价的限制。但是，所享有的票据权利不得优于其前手的权利。"

62. 考点 票据抗辩（对人抗辩事由）

答案 BC

解析 A选项错误。《票据法》第44条规定："付款人承兑汇票后，应当承担到期付款的责任。"本题中，该张票据是有效票据，且银行进行了承兑，应当承担到期付款的责任，银行不能以自己和出票人之间的抗辩事由对抗持票人。

B选项正确。如果丁公司向甲公司行使追索权，甲公司不能以自己和丁公司的前手之间的抗辩事由对抗丁公司。

C选项正确。如果丁公司明知甲公司和乙公司之间的抗辩事由，此时甲公司就可以以自己和乙公司之间的抗辩事由对抗丁公司。

D选项错误。甲公司和乙公司之间具有直接债权债务关系，因此乙公司向甲公司行使追索权时，甲公司有权抗辩。

63. 考点 票据背书（质押转让）

答案 ADE

解析 票据的质押规则包括：

（1）出票人在票据上记载“不得转让”字样，其后手以此票据进行质押的，通过质押取得票据的持票人主张票据权利的，人民法院不予支持。（《票据纠纷规定》第52条）故A选项正确，B选项错误。

（2）在公示催告期间，以公示催告的票据质押，因质押而接受该票据的持票人主张票据权利的，人民法院不予支持，但公示催告期间届满以后人民法院作出除权判决以前取得该票据的除外。（《票据纠纷规定》第33条）故C选项错误。

（3）因票据质权人以质押票据再行背书质押或者背书转让引起纠纷而提起诉讼的，人民法院应当认定背书行为无效。（《票据纠纷规定》第46条）故D选项正确。

（4）背书人在票据上记载“不得转让”“委托收款”“质押”字样，其后手再背书转让、委托收款或者质押的，原背书人对后手的被背书人不承担票据责任，但不影响出票人、承兑人以及原背书人之前手的票据责任。（《票据纠纷规定》第50条）故E选项正确。

64. 考点 票据行为（背书）

答案 A

解析 A选项正确。《票据法》第33条第1款规定：“背书不得附有条件。背书时附有条件的，所附条件不具有汇票上的效力。”

B选项错误。《票据法》第27条第2款规定：“出票人在汇票上记载‘不得转让’字样的，汇票不得转让。”所以当出票人记载“禁止转让”时，该张票据的再次背书就是无效背书。

C选项错误。背书人记载“禁止转让”字样，其处理依据为《票据法》第34条的规定：“背书人在汇票上记载‘不得转让’字样，其后手再背书转让的，原背书人对后手的被背书人不承担保证责任。”所以，该背书人还是要对其直接后手承担保证责任。

D选项错误。推定为见票即付。

65. 考点 票据行为（保证）

答案 C

解析 A选项错误。票据为文义证券，票据行为须在票面上加以记载才能产生相应的效力。若戊公司仅出具“担保函”，则属于民法上的保证，并不产生票据保证的效力。故A选项错在向“戊”主张票据权利。

B选项错误。宏元公司行为构成“期后背书”，其性质是无效背书，是违反票据法的。

C、D选项，《票据法》第48条规定：“保证不得附有条件；附有条件的，不影响对汇票的保证责任。”既然该条明确规定“不得附条件”，那么丁公司注明“按时交货承担保证责任”这一条件，就违反了《票据法》的规定，故C选项正确。同时，由于“所附条件不影响票据保证责任”，所以丁公司仍然要承担票据保证责任。故D选项错误。

66. 考点 支票（出票、付款规则）

答案 BC

解析 A选项不当选。支票限于见票即付，不得另行记载付款日期。另行记载付款日期的，该记载无效。(《票据法》第90条）据此可知，支票是有效的，仅是记载的付款日期无效，所以银行不得拒付。

B选项当选。《票据法》第89条规定：“出票人必须按照签发的支票金额承担保证向该持票人付款的责任。出票人在付款人处的存款足以支付支票金额时，付款人应当在当日足额付款。”

C选项当选。《票据法》第88条规定：“支票的出票人不得签发与其预留本名的签名式样或者印鉴不符的支票。”

D选项不当选。根据票据的无因性原理，即使出现票据基础关系无效（如合同违约），票据效力也不受影响。

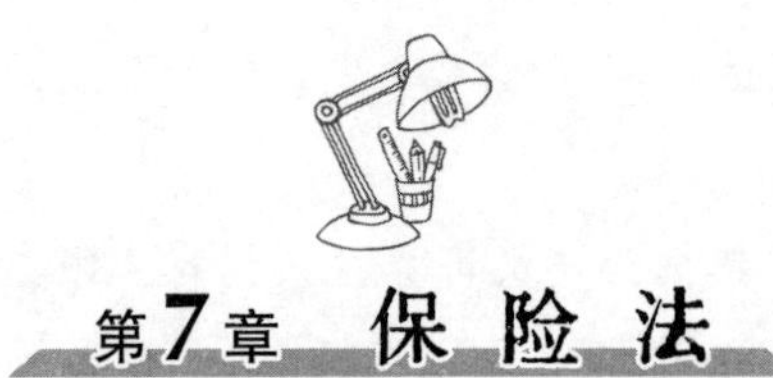

第7章 保险法

第25讲 保险法概述

67. **保险利益原则要求投保人或者被保险人对保险标的具有的法律上承认的利益，否则保险合同无效，保险公司可以拒绝赔偿。关于该原则，下列判断正确的是：（　　）**

A. 该原则的根本目的是解决理赔难的问题以及维护投保人和被保险人的利益

B. 法院在审理人身保险合同纠纷案件时，需要主动审查投保人订立合同时是否具有保险利益

C. 人身保险合同订立后，投保人丧失对被保险人的保险利益的，可导致保险合同无效

D. 人身保险事故发生时，被保险人对保险标的不具有保险利益的，保险公司不再赔偿保险金

[考 点] 保险法的基本原则（保险利益）

68. **根据《保险法》第16条第1款的规定，订立保险合同，保险人就保险标的或者被保险人的有关情况提出询问的，投保人应当如实告知。关于投保人如实告知义务的判断，下列选项符合法律规定的是：（　　）**

A. 孙某于2015年3月投保医疗保险时在保险公司指定医院体检，体检结果正常，现保险公司调查发现，孙某于2014年8月患有鼻咽癌，此时保险公司可解除合同

B. 保险公司于2016年2月得知投保人张某故意篡改病历，但仍收取其保险费的，不得主张解除合同

C. 投保人王某未如实回答投保单询问表中所列“其他疾病”条款的，保险人

可以解除合同

D. 投保人和保险人对询问范围及内容有争议的，应当由投保人负举证责任

考点 保险合同的订立（如实告知）

第26讲 人身保险合同

69. 受益人是指人身保险合同中由被保险人或者投保人指定的享有保险金请求权的人。关于人身保险中受益人的认定，下列处理不符合法律规定的有：（　　）

A. 王某为自己投保终身寿险时，受益人一栏注明“法定”，保险金额为20万元。后王某死亡，有遗产共计8万元，但王某向刘东借款10万元一直未还。现刘东要求王某的继承人用20万元保险金清偿该笔借款

B. 章某为自己购买的一份人身保险合同中受益人注明“妻子小芳”，后二人离婚，章某再娶小丽。章某死亡时，该份保单的受益人是前妻小芳

C. 刘某为自己投保终身寿险，受益人一栏注明“配偶”，2015年1月，刘某离婚再娶。现刘某死亡，刘某的原配偶是该份保险单的受益人

D. 上述C选项中被保险人刘某死亡时，刘某的现配偶是该份保险单的受益人

考点（人保）受益人的认定

70. 林某于2010年5月为自己投保人寿保险，指定受益人为林妻、林大（长子）、林二（次子），林妻的受益比例为4/10，两个儿子各为3/10。2012年，林大因车祸去世，留下妻子和一个女儿。2016年5月，林某爬山时从高处失足坠落而亡。林二、林妻、林大妻均向保险公司提出索赔。现就保险金应当如何分配，各方发生争议并诉诸法院。关于本案的处理，下列选项符合法律规定的是：（　　）

A. 法院一审认为，林大先于被保险人林某死亡，林大相应的受益份额应当作为林某的遗产，由其继承人依据民法继承

B. 律师认为，林大应得的受益份额由林妻和林二按照相应比例享有

C. 张同学认为，林大享有的3/10的保险金份额应当由林大的妻女继承

D. 保险公司认为，林某投保时没有约定受益顺序，林大的受益份额应当由其他受益人均分

考点（人保）受益人份额

71. 李某于2015年4月为自己及妻子、儿子购买人寿健康一生两全保险，保险期间为30年。李某在本镇火车站附近开设一家茶馆聚众吸毒，2016年3月3日夜，该地派出所接到举报，联手特警大队赶赴毒窝，在现场抓捕涉毒人员时遭到李某强力反抗，李某被当场击毙，李某的儿子被警方抓获。李妻第2日得知此事自杀身亡。现李某的继承人向保险公司索赔。就该案的下列处理，符合法律规定的是：(　　)

A. 保险公司拒绝向李某的继承人承担给付保险金责任的，应当证明李某的死亡与其实施的故意犯罪行为之间存在因果关系

B. 李某的儿子在羁押期间因意外导致伤残，保险公司可因其故意犯罪事实而拒绝承担给付保险金的责任

C. 保险人以被保险人自杀为由，拒绝承担给付保险金责任的，由保险人承担举证责任

D. 李妻的继承人主张李妻因精神分裂症发作自杀，保险人拒绝理赔时需要证明李妻自杀时完全无民事行为能力

[考点] 特殊的人身保险事故（自杀）

72. 王某所在用人单位按照法律规定为全体员工参加社会保险。王某担心社保保障力度不足，于是自己在2015年投保泰康住院费用补偿型医疗保险，保险金额为2万元，每年缴保险费1200元。该商业保险合同约定，无论因意外或疾病在“定点医院”住院，每次免赔500元，医疗费用报销90%，依据基本医疗保险标准核定保险金。2016年3月，王某因宫外孕大出血被送至离家最近的医院进行急诊手术，实际发生的医疗费用为16 000元。王某在向泰康保险公司索赔时，该保险公司法律顾问的下列答复，符合法律规定的是：(　　)

A. 保险公司按保险合同报销住院费时，为防止重复受偿，应当扣减王某从社会医疗保险中取得的赔偿金额

B. 如果该保险公司在销售该保险产品时未实施差别费率，那么在赔付时就不得扣除社会医疗保险所支付给王某的费用

C. 若王某没有在医保定点医院住院，该保险公司可以拒绝给付保险金

D. 王某在抢救过程中，超出基本医疗保险范围的药品共计3200元，保险公司可以对该部分医保外的支出拒绝给付保险金

[考点] 费用补偿型医疗保险

73. 2012年卢某为妻子梦某投保平安保险公司推出的递增型养老保险，受益人为梦某。合同约定，保险费年缴，分10年付清，保险期限为终身。2014年二人离婚，但双方均未告知保险人。2015年8月，卢某向保险公司提出解除上述保险合同，并取得3万余元的保险单现金价值。梦某得知此事后发生纠纷。就该案的下列处理，符合法律规定的是：（　　）

A. 梦某是被保险人和受益人，解除该份合同应当经过她的同意

B. 该案卢某可以自主选择是否解除保险合同，无需经过被保险人同意

C. 该案卢某解除保险合同，梦某作为受益人可主张取得保险单的现金价值

D. 该案若梦某已经向卢某支付了3万余元款项，并告知平安公司，则可主张该解除保险合同无效

[考点] 人身保险合同的解除（投保人自愿解除）

第27讲 财产保险合同

74. 下列保险纠纷的处理中，符合法律规定的有哪些？（　　）

A. 甲公司为萱草公司承运一批货物，并为该批货物投保财产险，现甲公司在运输途中不慎翻车，货物全损。保险公司在向货主赔偿后可以向甲公司追偿

B. 张某未告知保险公司其用投保的私家车进行网约车服务的，发生事故，保险公司不予赔偿

C. 丁纺织厂为扑灭大火花费2万元，但因施救措施未产生实际效果，大火仍然造成数百万的损失，对此，保险公司不予支付该笔费用

D. 被保险人在保险合同订立前已放弃对第三者请求赔偿的，保险人无权就相应部分主张行使代位求偿权

[考点] 财产保险事故的处理

75. A保险公司处理的下列保险纠纷中，符合法律规定的是：（　　）

A. 甲园区为进驻本园区的所有小企业投保财产火灾险，现甲园区因管理不善发生火灾，A保险公司赔偿保险金后有权向甲园区代位求偿

B. 乙食品公司曾在运输合同中签订了放弃对B运输公司追偿货损的条款，现B运输公司在运输中因冷冻设备故障造成乙公司食品变质，A保险公司依据保险合同向乙公司赔偿保险金后有权向B运输公司代位求偿

C. 车主张某投保汽车商业责任险，发生事故后，张某向A保险公司请求赔偿

保险金的诉讼时效期间，自A保险公司知道或应当知道事故发生之日起计算

D. 车主王某为自己的汽车投保汽车财产险，现被李某追尾，A保险公司赔偿后向李某提起代位求偿权之诉的，应当以保险标的所在地来确定管辖法院

考点 财产保险事故的处理

76. 萱草公司和甲安装公司签订承包合同，由甲安装公司负责萱草公司设备的整体搬迁拆装。双方签订了《建设工程施工合同》，约定“承包人（甲安装公司）不得将本工程进行分包”。萱草公司就此搬迁向大地保险公司投保“安装工程一切险”。在运输萱草公司一台设备时，甲安装公司委托乙运输公司承运。后在运输途中，该设备滑落，导致货损100万元。经查，乙运输公司对该事故负全部责任。大地保险公司拟向甲安装公司主张代位请求权。就该案的下列判断，正确的是：（　　）

A. 大地保险公司在赔偿保险金后，才能行使代位求偿权

B. 甲安装公司对该保险事故的发生无过错，大地保险公司无权向其主张代位追偿，而应当向乙运输公司主张代位求偿

C. 甲安装公司违约，导致保险标的损害，大地保险公司可向其主张代位追偿

D. 保险代位求偿权的权利基础限于第三者对保险标的的侵权损害赔偿请求权

考点（财险）代位求偿权

答案及解析

67. 考点 保险法的基本原则（保险利益）

答案 B

解析 A选项错误。保险利益，是指投保人或者被保险人对保险标的具有的法律上承认的利益。其目的在于防止道德风险的发生，禁止将保险作为赌博的工具以及防止故意诱发保险事故而牟利的企图出现。保险利益原则根本目的并不是解决理赔难问题以及维护投保人和被保险人的利益。

B选项正确，为《保险法解释（三）》新增规定，明确了法院对人身保险利益的主动审查原则，防范道德风险。

C、D选项错误，人身保险要求“合同订立时”具有保险利益而不是

“事故发生时”。《保险法解释（三）》第4条规定：“保险合同订立后，因投保人丧失对被保险人的保险利益，当事人主张保险合同无效的，人民法院不予支持。”同样可参见《保险法》第12条第1款的规定：“人身保险的投保人在保险合同订立时，对被保险人应当具有保险利益。”

68. [考 点] 保险合同的订立（如实告知）

[答 案] AB

[解 析] A选项当选。保险公司可以解除合同。投保人明知的与保险标的或者被保险人有关的情况，应当如实告知。并且，人身保险中“体检不免除如实告知义务”，保险人在合同订立时指定医疗服务机构对被保险人进行体检，当事人主张投保人如实告知义务免除的，人民法院不予支持。（《保险法解释（三）》第5条第1款）

B选项当选。保险人在保险合同成立后知道或者应当知道投保人未履行如实告知义务，仍然收取保险费的，不得依据“未如实告知”主张解除合同。（《保险法解释（二）》第7条）

C选项不当选。“概括性条款”在法律体系及法律规范中往往起到“框架搭建、总括兜底”的功能，并无具体内容，所以，投保人违反了投保单询问表中所列概括性条款的如实告知义务，保险人不得以此为由请求解除合同。（但概括性条款有具体内容的除外。不过本题没有涉及该点，无需考虑。）

D选项不当选。当事人对询问范围及内容有争议的，保险人负举证责任。（《保险法解释（二）》第6条第1款）

69. [考 点]（人保）受益人的认定

[答 案] ABC

[解 析] A选项错误，当选。受益人约定为“法定”或者“法定继承人”的，以《民法典》规定的法定继承人为受益人。所以，A选项这份保单是有合法受益人的，“保险金20万元”不属于王某的遗产。王某的继承人只在遗产8万元内对王某生前的债务承担清偿责任。

B选项错误，当选。该种情形属于“未指定受益人”。“妻子”表明身份关系，“小芳”是姓名。后来两人离婚，符合“保险事故发生时身份关系发生变化”，这种情形的处理是“认定为未指定受益人”，保险金作为死者的遗产继承。

C选项错误，当选；D选项正确，不当选。“配偶”只表明了身份关系，如果投保人与被保险人为同一主体，根据保险事故发生时与被保险人的身份关系确定受益人。所以以刘某死亡时的“现配偶”为受益人，而非“原配偶”。

70. 考点 (人保) 受益人份额

答案 B

解析 受益人，是指人身保险合同中由被保险人或者投保人指定的享有保险金请求权的人。因此，受益权的性质是“期待权”，只有当被保险人发生保险事故时，受益人才可享有保险金请求权。本题中，林大先于被保险人林某死亡，所以林大的受益权落空。根据《保险法解释（三）》第12条的规定，投保人或者被保险人指定数人为受益人，部分受益人在保险事故发生前死亡、放弃受益权或者依法丧失受益权的，该受益人应得的受益份额按照保险合同的约定处理；保险合同没有约定或者约定不明的，“依据受益顺序、受益份额比例”由其他受益人分配。

A选项错误，不当选。受益份额作为被保险人（林某）的遗产，该份额应当由其他受益人分配。

C选项错误，不当选。受益份额“由林大的妻女继承”的说法错误，因为林大死亡，其受益权已经落空，故无法被继承。

D选项错误，不当选。错误是“均分”。本题情形是“未约定受益顺序但约定受益份额”，正确处理是：由其他受益人为同一顺序，按照相应比例享有。

71. 考点 特殊的人身保险事故（自杀）

答案 AC

解析 A选项当选。《保险法解释（三）》第23条第1款规定：“保险人主张根据保险法第45条的规定不承担给付保险金责任的，应当证明被保险人的死亡、伤残结果与其实施的故意犯罪或者抗拒依法采取的刑事强制措施的行为之间存在因果关系。”

B选项不当选。《保险法解释（三）》第23条第2款规定：“被保险人在羁押、服刑期间因意外或者疾病造成伤残或者死亡，保险人主张根据保险法第45条的规定不承担给付保险金责任的，人民法院不予支持。”

C选项当选。《保险法解释（三）》第21条第1款规定：“保险人以被保险人自杀为由拒绝给付保险金的，由保险人承担举证责任。”

D选项不当选。应当由受益人或者其继承人承担举证责任。《保险法解释（三）》第21条第2款规定：“受益人或者被保险人的继承人以被保险人自杀时无民事行为能力为由抗辩的，由其承担举证责任。”

72. [考点] 费用补偿型医疗保险

[答案] B

[解析] A选项不当选，B选项当选。保险人给付费用补偿型的医疗费用保险金时，主张扣减被保险人从公费医疗或者社会医疗保险取得的赔偿金额的，应当证明该保险产品在厘定医疗费用保险费率时已经将公费医疗或者社会医疗保险部分相应扣除，并按照扣减后的标准收取保险费。（《保险法解释（三）》第18条）A选项缺少保险人证明的前提，错误。B选项明确实行差别费率，正确。

C选项不当选。本题被保险人因情况紧急必须立即就医，不受在约定的医疗服务机构接受治疗的限制。（《保险法解释（三）》第20条）

D选项不当选。保险公司以药品超出范围，拒绝赔偿是错误的。《保险法解释（三）》第19条规定，保险合同约定按照基本医疗保险的标准核定医疗费用，保险人以被保险人的医疗支出超出基本医疗保险范围为由拒绝给付保险金的，人民法院不予支持。

73. [考点] 人身保险合同的解除（投保人自愿解除）

[答案] BD

[解析] C选项不当选。《保险法解释（三）》第16条第1款规定：“保险合同解除时，投保人与被保险人、受益人为不同主体，被保险人或者受益人要求退还保险单的现金价值的，人民法院不予支持，但保险合同另有约定的除外。”

B、D选项当选，A选项不当选。《保险法解释（三）》第17条规定：“投保人解除保险合同，当事人以其解除合同未经被保险人或者受益人同意为由主张解除行为无效的，人民法院不予支持，但被保险人或者受益人已向投保人支付相当于保险单现金价值的款项并通知保险人的除外。”理论上可简称为“被保险人赎买权”。

74. 考点 财产保险事故的处理

答案 ABD

解析 A选项当选。甲公司是投保人，造成了保险事故。除法律另有规定或者保险合同另有约定外，投保人和被保险人为不同主体的，因投保人对保险标的的损害而造成保险事故，保险人可主张代位行使被保险人对投保人请求赔偿的权利。(《保险法解释(四)》第8条)

B选项当选。被保险人未履行通知义务的，因保险标的的危险程度显著增加而发生的保险事故，保险人不承担赔偿保险金的责任。(《保险法》第52条第2款)

C选项不当选。这属于“为防止或者减少保险标的的损失所支付的必要、合理费用”，应当由保险人承担。(《保险法解释(四)》第6条)

75. 考点 财产保险事故的处理

答案 A

解析 A选项当选。根据《保险法解释(四)》第8条的规定，除法律另有规定或者保险合同另有约定外，投保人和被保险人为不同主体的，因投保人对保险标的的损害而造成保险事故，保险人有权依法主张代位行使被保险人对投保人请求赔偿的权利。A选项中，投保人为甲园区，被保险人为小企业，二者为不同主体，所以保险人向被保险人（小企业）赔偿后，享有对投保人（甲园区，因为甲园区是侵权人）的代位求偿权。

B选项不当选。在保险人以第三者为被告提起的代位求偿权之诉中，被保险人在保险合同订立前已放弃对第三者请求赔偿的权利，并且人民法院认定上述放弃行为合法有效，保险人就相应部分主张行使代位求偿权的，人民法院不予支持。(《保险法解释(四)》第9条第1款)

C选项不当选。商业责任险的被保险人向保险人请求赔偿保险金的诉讼时效期间，自被保险人对第三者应负的赔偿责任确定之日起计算。(《保险法解释(四)》第18条)

D选项不当选，错误在于“依据保险标的所在地”。《保险法解释(四)》第12条规定：“保险人以造成保险事故的第三者为被告提起代位求偿权之诉的，以被保险人与第三者之间的法律关系确定管辖法院。”

76. [考 点] (财险) 代位求偿权

[答 案] AC

[解 析] B选项错误，C选项正确。《保险法解释(四)》第7条规定：“保险人依照保险法第60条的规定，主张代位行使被保险人因第三者侵权或者违约等享有的请求赔偿的权利的，人民法院应予支持。”

A选项正确。《保险法》第60条第1款规定：“因第三者对保险标的的损害而造成保险事故的，保险人自向被保险人赔偿保险金之日起，在赔偿金额范围内代位行使被保险人对第三者请求赔偿的权利。”

D选项错误。从立法目的看，规定保险代位求偿权制度，在于避免财产保险的被保险人因保险事故的发生，分别从保险人及第三者处获得赔偿，取得超出实际损失的不当利益，并因此增加道德风险。所以，不能将该条款中的“损害”理解为仅指“侵权损害”，还应包括“第三者违约”造成保险标的的损害。

(本题改编自最高人民法院指导案例第74号：中国平安财产保险股份有限公司江苏分公司诉江苏镇江安装集团有限公司保险人代位求偿权纠纷案)

第8章 证券业法律制度

第28讲 证券法律规则

77. 关于证券的发行，依据我国《证券法》的相关规定，下列哪一选项是正确的？（　　）

A. 公开发行证券，必须报经国务院证券监督管理机构或者国务院授权的部门注册

B. 向特定对象发行证券累计超过200人的均为公开发行

C. 改变公开发行股票所募集资金用途的，必须经股东大会或者董事会作出决议

D. 股票依法发行后，因发行人经营与收益的变化而引发的投资风险，由发行人自行负责

[考 点] 证券的发行规则

78. 甲在证券市场上陆续买入萱草股份公司有表决权的股份。在买入过程中发生下列情况，哪项处理是正确的？（　　）

A. 甲持有萱草公司上述股份达到5%时，3日内不得买卖萱草公司的股票

B. 若甲在持有萱草公司股份达到5%后继续买入，增加比例达到1%时应通知并公告，2日内不得买卖萱草公司的股票

C. 若甲在持有萱草公司股份达到5%后继续买入，每增加5%时应通知并公告，2日内不得买卖萱草公司的股票

D. 若甲隐瞒其持有萱草公司股份达到5%的事实，继续买入至7%才被证券监督管理机构发现，因其行为违法，故应撤销其先前购买股票的行为

[考 点] 上市公司的要约收购

79. 2020 年 1 月，萱草医疗股份公司准备报送该上市公司 2019 年年度报告，在编制定期报告时，监事张某对该报告中萱草公司营业用主要资产的抵押情况持有异议。就该年度报告的信息披露，下列说法正确的有：（　　）

A. 监事张某应当在书面确认意见中发表意见并陈述理由，萱草公司应当披露

B. 若萱草公司不予披露张某的异议，张某可通过自媒体直接披露

C. 萱草公司可以自愿披露与投资决策有关的信息，但不得与其依法披露的信息相冲突或误导投资者

D. 其控股股东甲公司曾于 2 周前在央视财经频道公开作出大幅增资萱草公司的承诺，无需另行披露

考点 信息披露（报告制度）

80. 甲咖啡公司是一家主要经营场所位于中国，在 M 国上市的公司。现调查发现，该公司虚假提升相关商品的销售收入、成本、利润率等关键营销指标，并通过多种渠道对外广泛宣传，使用虚假营销数据，欺骗、误导相关公众。同时，该上市公司的股票价格暴跌并被责令退市，给证券投资者造成巨大损失。关于该案，下列哪些选项是错误的？（　　）

A. 甲咖啡公司的行为构成不正当竞争，我国证券监督管理机构可对其进行处罚

B. 甲咖啡公司在境外的证券发行和交易活动中大量造假，我国证券监督管理机构无权处理其证券欺诈的法律责任

C. 甲咖啡公司的实际控制人和控股股东独立于该公司，无需承担证券欺诈的法律责任

D. 甲咖啡公司的董事、监事、高级管理人员和其他直接责任人员应当承担连带赔偿责任，但是能够证明自己没有过错的除外

考点 证券欺诈民事赔偿

81. 关于投资者的保护，根据《证券法》的相关规定，下列哪一选项是正确的？（　　）

A. 所有投资者与证券公司发生证券业务纠纷的，投资者提出调解请求的均不得拒绝

B. 投资者保护机构若持有某股份公司的股份不足 1%，则无权提起股东代表诉讼

C. 投资者保护机构可以先行赔付受到证券欺诈发行损失的投资者

D. 投资者保护机构作为征集人自行公开征集股东权利的，可以适当支付股东报酬

考点 投资者保护

82. 经证监会认定，上市公司 K 药业集团连续 3 年实施系统性财务造假约 300 亿元，涉案金额巨大，严重损害了投资者的合法权益。据估计，本案原告人数可能达到数万人，索赔规模或达数亿元。现中证投服中心（投资人保护机构）接受了多名投资者的委托。如果本案拟适用特别代表诉讼程序审理，则下列哪些说法是正确的？（　　）

A. 投服中心至少要征求到 50 名符合条件的权利人委托

B. 若适用特别代表人诉讼，只要投资者没有明确表示不参加该诉讼，则诉讼结果对该投资者具有法律效力

C. 若适用特别代表人诉讼，法院作出的判决、裁定，只对向法院进行了权利登记的投资者发生效力

D. 若 K 药业集团被债权人申请破产重整并被法院受理，则上述集体诉讼应当终止

考点 证券欺诈民事赔偿；特别代表人诉讼

第29讲 证券投资基金法律规则

83. 关于证券投资基金，下列说法错误的是：（　　）

A. 根据基金的运作方式不同，可分为开放式基金与封闭式基金

B. 根据基金的募集范围不同，可分为公募基金与私募基金

C. 公募基金管理人应当是经证监会批准设立的基金管理公司或其他组织

D. 私募基金可面向所有有投资意愿的投资者进行募集

考点 证券投资基金的分类

84. 金萱银行股份有限公司具有基金托管人资格。根据《证券投资基金法》的规定，下列行为符合法律规定的是：（　　）

A. 金萱银行对所托管的不同基金财产应当分别设置账户

B. 金萱银行与受托管的基金管理人可以相互出资或者持有股份

C. 金萱银行因基金财产的管理、运用或者其他情形而取得的财产和收益，归入其固有财产

D. 金萱银行不得违背基金管理人的投资指令，必须严格执行并及时办理清算交割事宜

[考 点] 证券投资基金法律关系（基金托管人）；基金财产

85. 关于基金行业协会，下列说法正确的有哪些？(　　)

A. 基金行业协会组织基金从业人员的从业考试、资质管理和业务培训

B. 基金行业协会制定基金从业人员的资格标准和行为准则，并监督实施

C. 基金行业协会办理公开募集基金的登记、备案

D. 基金托管人与基金管理人不得为同一机构，不得相互出资或者持有股份

[考 点] 基金行业协会

答案及解析

77. [考 点] 证券的发行规则

[答 案] A

[解 析] A 选项正确。《证券法》第 9 条第 1 款规定："公开发行证券，必须符合法律、行政法规规定的条件，并依法报经国务院证券监督管理机构或者国务院授权的部门注册。未经依法注册，任何单位和个人不得公开发行证券。证券发行注册制的具体范围、实施步骤，由国务院规定。"

B 选项错误，错在表述过于绝对。2019 年修订后的《证券法》考虑到有公司实施员工持股计划，所以对"200 人"有限度放开。《证券法》第 9 条第 2 款规定："有下列情形之一的，为公开发行：①向不特定对象发行证券；②向特定对象发行证券累计超过 200 人，但依法实施员工持股计划的员工人数不计算在内；……"

C 选项错误，错在"董事会决议"。《证券法》第 14 条规定："……改变资金用途，必须经股东大会作出决议。擅自改变用途，未作纠正的，或者未经股东大会认可的，不得公开发行新股。"因此决议机构只限于"股东大会"。

D 选项错误。根据《证券法》第 25 条的规定，股票依法发行后，因发行者经营与收益的变化而引发的投资风险，由投资者自行负责。

78. 考点 上市公司的要约收购

答案 A

解析 B选项错误。在甲持有股份达到首次5%后，其后甲所持萱草公司股份比例每增减1%，应当通知并予公告。(《证券法》第63条第3款）但是，《证券法》并没有禁止交易。

C选项错误，错在“2日”。《证券法》第63条第2款将该禁止交易时间统一为“在该事实发生之日起至公告后3日内”。

D选项错误。虽然甲没有履行收购的公告义务，但该收购股份交易有效。该项正确处理是：在甲买入后的36个月内，对该超过规定比例部分的股份不得行使表决权。(《证券法》第63条第4款)

79. 考点 信息披露（报告制度）

答案 AC

解析 2019年修订后的《证券法》，对信息披露规则规定得更加细化。

A选项当选。《证券法》第82条第4款规定：“董事、监事和高级管理人员无法保证证券发行文件和定期报告内容的真实性、准确性、完整性或者有异议的，应当在书面确认意见中发表意见并陈述理由，发行人应当披露。发行人不予披露的，董事、监事和高级管理人员可以直接申请披露。”

B选项不当选，错在披露方式，不可通过“自媒体”披露。监事张某虽然可以“直接申请披露”，但披露方式仍然要符合法律规定。就信息披露义务人而言，“依法披露的信息，应当在证券交易场所的网站和符合国务院证券监督管理机构规定条件的媒体发布，同时将其置备于公司住所、证券交易场所，供社会公众查阅”（《证券法》第86条）。

C选项当选，D选项不当选。《证券法》第84条规定：“除依法需要披露的信息之外，信息披露义务人可以自愿披露与投资者作出价值判断和投资决策有关的信息，但不得与依法披露的信息相冲突，不得误导投资者。发行人及其控股股东、实际控制人、董事、监事、高级管理人员等作出公开承诺的，应当披露。不履行承诺给投资者造成损失的，应当依法承担赔偿责任。”控股股东甲公司作出的公开承诺，应当披露。

80. 考点 证券欺诈民事赔偿

答案 ABC

解析 A选项错误，当选。为获取竞争优势及交易机会而进行的虚假宣传，应当由市场监督管理部门查处，而非证券监督管理机构查处。

B选项错误，当选。《证券法》第2条第4款规定："在中华人民共和国境外的证券发行和交易活动，扰乱中华人民共和国境内市场秩序，损害境内投资者合法权益的，依照本法有关规定处理并追究法律责任。"

C选项错误，当选。当虚假披露信息造成投资者损失时，发行人的控股股东等，应当与发行人承担连带赔偿责任，但是能够证明自己没有过错的除外。(《证券法》第85条)

81. 考点 投资者保护

答案 C

解析 A选项错误。投资者可以分为普通投资者和专业投资者，只有"普通投资者"提出调解，证券公司才不得拒绝。(《证券法》第94条第1款)

B选项错误。投资者保护机构持有某公司股份的，可以为公司的利益提起股东代表诉讼，持股比例和持股期限不受《公司法》规定的限制。(《证券法》第94条第3款) 所以即使投资者保护机构持股不足1%，仍是股东代表诉讼的合格原告。

D选项错误。《证券法》允许合格的征集人（包括投资者保护机构）征集股东权利，但是禁止以有偿或者变相有偿的方式公开征集股东权利。(《证券法》第90条第1、3款) 所以D选项支付股东报酬的做法是错误的。

82. 考点 证券欺诈民事赔偿；特别代表人诉讼

答案 AB

解析 A、B选项正确，C选项错误。《证券法》第95条第3款规定："投资者保护机构受50名以上投资者委托，可以作为代表人参加诉讼，并为经证券登记结算机构确认的权利人依照前款规定向人民法院登记，但投资者明确表示不愿意参加该诉讼的除外。"特别代表诉讼程序，采用"明示加入、默示退出"规则，只要没有明确表示不愿意参加该诉讼，其诉讼结果就对符合条件的投资者均有效力。

D选项，错误是"终止"，应当是"中止"。《企业破产法》第20条规定："人民法院受理破产申请后，已经开始而尚未终结的有关债务人的民事诉讼或者仲裁应当中止；在管理人接管债务人的财产后，该诉讼或者仲裁继续进行。”

83. 考点 证券投资基金的分类

答案 D

解析 A、B选项正确，不当选。“开放式基金”，是指投资者可随时申购或赎回基金份额；“封闭式基金”，是指在封闭期内，投资者不得申购或赎回基金份额，只能在开放期进行申购或赎回。

C选项正确，不当选。公募基金管理人受证监会监管，有最低注册资本、高管任职资格、内控等方面的要求，其资质须经证监会审批。

D选项错误，当选。私募基金，是指仅向合格投资者募集，且不得公开募集的基金。

84. 考点 证券投资基金法律关系（基金托管人）；基金财产

答案 A

解析 A选项当选。基金托管人应当对所托管的不同基金财产，分别设置账户，确保基金财产的完整与独立。（《证券投资基金法》第36条第3项）

B选项不当选。《证券投资基金法》第35条规定：“基金托管人与基金管理人不得为同一机构，不得相互出资或者持有股份。”

C选项不当选。基金财产具有独立性，独立于基金管理人、基金托管人的固有财产。基金管理人、基金托管人不得将基金财产归入其固有财产。（《证券投资基金法》第5条第2款）

D选项不当选。《证券投资基金法》第37条第1款规定：“基金托管人发现基金管理人的投资指令违反法律、行政法规和其他有关规定，或者违反基金合同约定的，应当拒绝执行，立即通知基金管理人，并及时向国务院证券监督管理机构报告。”所以，基金托管人并非盲从基金管理人的指令。

85. 考点 基金行业协会

答案 AD

解析 A选项正确。基金行业协会应当“制定行业执业标准和业务规范，组织基金从业人员的从业考试、资质管理和业务培训”。（《证券投资基金法》第111条第4项）

B选项错误。这是证监会的职责。

C 选项错误。非公开募集基金募集完毕，基金管理人应当向基金行业协会备案，但是公募基金应当向证监会备案。

D 选项正确。基金托管人独立于基金管理人，负责基金财产的保管，并根据管理人的指令运用基金财产。从证券投资基金的架构上，要求基金托管人具有独立性。

第9章 信托法

第30讲 信托法律规则

86. 关于信托制度、代理制度，下列哪一选项是正确的？（ ）

A. 信托中的受托人和代理中的代理人均是以自己的名义对外从事活动的

B. 信托受托人实施信托事务的权限大于代理制度中代理人的权限

C. 任意一方当事人的死亡或终止均可导致信托法律关系或代理法律关系消灭

D. 信托受托人和代理人均是为委托人的最大利益处理信托事务或者代理事务

[考点] 信托法律关系

87. 关于信托财产，根据我国《信托法》的规定，下列哪些选项是正确的？（ ）

A. 受托人死亡或者依法解散等原因而终止，信托财产不属于其遗产或者清算财产

B. 受托人管理运用或处分信托财产所产生的债权，可以与其固有财产产生的债务相抵销

C. 受托人管理运用或处分不同委托人的信托财产所产生的债权债务不得相互抵销

D. 受托人一律不得将其固有财产与信托财产进行交易

E. 委托人将财产转移给受托人以后，委托人对转移的这部分财产不再拥有处分权

[考点] 信托财产

88. 关于信托当事人，根据我国《信托法》的规定，下列哪些表述是正确的？（ ）

A. 委托人、受托人、受益人可以是自然人、法人或者依法成立的其他组织

B. 委托人可以是受益人，也可以是同一信托的唯一受益人

C. 受托人可以是受益人，但不得是同一信托的唯一受益人

D. 公益信托的设立和确定其受托人，应当经中国银保监会批准，未经批准的不得以公益信托的名义进行活动

E. 受益人自委托人指定受益人之日起享有信托受益权

[考点] 信托当事人

答案及解析

86. [考点] 信托法律关系

[答案] B

[解析] A 选项错误。代理人是以被代理人的名义进行活动的。

C 选项错误。信托委托人或者受托人的死亡等原因并不影响信托的存续，受托人死亡的，可以选任新的受托人。

D 选项错误。信托受托人是为受益人的最大利益处理信托事务，而不是为委托人的利益处理事务。

87. [考点] 信托财产

[答案] ACE

[解析] B 选项错误。因为信托财产独立于受托人的财产，所以受托人管理运用或处分信托财产所产生的债权，不得与其固有财产产生的债务相抵销。(《信托法》第 18 条第 1 款)

D 选项错误。该项禁止交易是有例外的，即“信托文件另有规定或者经委托人或者受益人同意，并以公平的市场价格进行交易的除外”(《信托法》第 28 条第 1 款)。

88. [考点] 信托当事人

[答案] BC

[解析] A 选项错误。信托受托人不包括“依法成立的其他组织”。(《信托法》第 24 条第 1 款)

D选项错误。公益信托的受托人应当经公益事业管理机构批准（《信托法》第62条第1款），而不是经银保监会批准。

E选项错误。受益人自信托生效之日起享有信托受益权。（《信托法》第44条）

第10章 竞争法

第31讲 反垄断法

89. 2001年至2006年的6年时间里，甲公司等6家大型彩电液晶面板生产商共召开53次会议，主要内容为协商液晶面板价格。在向彩电生产厂家销售液晶面板时，上述企业依据会议协商的价格或互相交换的有关信息，限定市场价格，使得国内彩电生产企业的成本大幅飙升，东方彩电生产企业（以下简称“东方公司”）为此比国外厂家同等液晶面板多付价款3000万元。东方公司遂起诉上述液晶面板厂家赔偿损失。就该案的处理，下列说法哪些是正确的？（　　）

A. 本案液晶面板生产商的行为构成纵向垄断

B. 若其中一家液晶面板生产商主动向反垄断执法机构举报上述情况，应当对其减轻或者免除处罚

C. 东方公司可诉讼请求判令甲公司等企业停止侵害、赔偿损失并将其因调查、制止垄断行为所支付的合理开支计入损失赔偿范围

D. 甲公司等供货商应当对所达成的协议不具有排除限制竞争的效果承担举证责任

[考点] 横向垄断协议

90. 甲公司和乙公司均是国内著名软件厂商，现甲公司认为乙公司在即时聊天软件市场占有绝大多数的市场份额，欲起诉乙公司滥用市场支配地位。下列说法哪些是正确的？（　　）

A. 本案首先应界定争议软件所涉相关市场

B. 有证据证明乙公司在相关市场的市场份额达到50%以上，即可认定其具有

市场支配地位

C. 甲公司应当在乙公司被反垄断执法机构认定构成垄断行为的处理决定发生法律效力后向法院提起民事诉讼

D. 若乙公司不具备控制销售市场或者原材料采购市场的能力，不应当认定其具备市场支配地位

考点 滥用市场支配地位

91. A公司是中国境内网络零售平台，对平台内商家提出“二选一”要求，禁止平台内商家在其他竞争性平台开店或参加促销活动，并采取多种奖惩措施保障“二选一”要求执行。B公司主张A公司滥用市场支配地位，向法院提起反垄断侵权之诉。就该案的判断，下列哪些选项是正确的？（　　）

A. A公司实施的“二选一”构成滥用市场支配地位项下的限定交易行为

B. A公司实施的“二选一”构成滥用市场支配地位项下的实行差别待遇行为

C. A公司为促销投入巨大资源和财力，有权对参加促销活动的商家加以限制

D. 就A公司是否在相关市场达到上述市场份额，B公司应当承担举证责任

考点 滥用市场支配地位

92. 甲公司和乙公司均是互联网直播平台头部企业，二者主要业务近似，均接受A公司投资，其中A占甲公司股份的5.1%，占乙公司股份的7.5%。现在甲、乙公司准备合并共同发展，该次合并规模已达到国务院规定的申报标准。关于二者经营者集中行为的判断，下列哪些说法是错误的？（　　）

A. 参与集中的甲公司和乙公司5%以上股份由同一个未参与集中的经营者A公司拥有，该次集中可以不向反垄断执法机构申报

B. 甲公司对反垄断执法机构作出的禁止经营者集中的决定不服的，先申请行政复议；对行政复议决定不服的，可以依法提起行政诉讼

C. 对上述合并的审查集中于对甲公司和乙公司在相关市场的市场份额方面

D. 对上述合并的审查还要考虑股东A公司的财力和技术条件

考点 经营者集中

第32讲 反不正当竞争法

93. 根据《反不正当竞争法》的规定，下列哪些行为属于不正当竞争行为中的

混淆行为？（ ）

A. “A青旅”是“A市中国青年旅行社”的简称，经过多年使用和宣传已享有较高市场知名度。若干年后，A市另一旅游公司“国青国际旅行社”也使用“A青旅”的简称进行宣传

B. 甲把文章上传至自己的微博，乙未经甲许可，在自己的微博中设置链接，用户点击链接可进入甲的微博阅读该文章

C. “九头鹰”酒家照搬具有知名度的“九头鸟”酒家的灯箱招牌式样、服务员服装、店面装修、菜名等

D. 甲体育运动服装品牌利用某篮球巨星的头像和其中文姓名作为服装商标

【考点】不正当竞争行为（混淆行为）

94. **甲公司获得授权承办网络电竞比赛DOTA2亚洲邀请赛，并取得了该赛事的独家视频转播权。乙网络科技有限公司未经授权，在自己的直播平台上全程实时直播了涉案DOTA2亚洲邀请赛，直播内容为甲公司制作的音像视频，并且在直播时使用了甲公司的标识。就该案，下列判断正确的是：（ ）**

A. 网络直播电竞游戏中的比赛画面不构成著作权法上的作品

B. 电竞游戏比赛的选手因其具有创造性和技巧性，属于著作权法上的作者

C. 大型电竞赛事中的游戏主播享有表演者权

D. 乙公司构成不正当竞争行为

【考点】作品的认定；作者的认定

答案及解析

89. 【考点】横向垄断协议

【答案】CD

【解析】A选项错误，本案构成横向垄断协议。垄断协议分为两种：①横向垄断协议，是指属于同一产业且彼此存在竞争关系的企业之间，为了避免或减少竞争风险，相互达成的排除或者限制市场竞争的协议。本题甲公司等6家大型彩电液晶面板商，是处于同一经营阶段的同业竞争者，它们达成的协议符合横向垄断协议的特征。②纵向垄断协议，如生产厂家和经销商达成的“固定或限定向第三人转售商品的价格的协议”。本题不符合纵向垄断

的特征。

B选项，错误为“应当”对其减轻或者免除处罚。此种情况，反垄断执法机构可以酌情减轻或者免除对该经营者的处罚。

90. 考点 滥用市场支配地位

答案 AD

解析 B选项，“市场支配地位≠大企业”，被推定具有市场支配地位的经营者，有证据证明不具有市场支配地位的，不应当认定其具有市场支配地位（《反垄断法》第24条第3款）。故B选项错误。

C选项，《反垄断法》第60条第1款规定：“经营者实施垄断行为，给他人造成损失的，依法承担民事责任。”根据该条款，并不要求以“被执法机构认定构成垄断行为”为提起民事诉讼的前提条件。故C选项错误。

91. 考点 滥用市场支配地位

答案 AD

解析 （1）根据《反垄断法》第22条第1款的规定，禁止具有市场支配地位的经营者从事法定的滥用市场支配地位的行为。本题A公司要求“二选一”的行为定性为《反垄断法》第22条第1款第4项规定的“没有正当理由，限定交易相对人只能与其进行交易或者只能与其指定的经营者进行交易”的行为。故A选项正确。

（2）补充：《反垄断法》第22条第1款规定：“禁止具有市场支配地位的经营者从事下列滥用市场支配地位的行为：……⑥没有正当理由，对条件相同的交易相对人在交易价格等交易条件上实行差别待遇；……”该类行为典型的如互联网平台“大数据杀熟”，新客户有优惠价格低，但老客户同样的服务价格高（如某互联网打车软件、某外卖平台软件）。故B选项错误。

92. 考点 经营者集中

答案 ACD

解析 A选项错误，当选。错误原因是“5%以上”。构成经营者集中，但可以不向国务院反垄断执法机构申报的情形包括：①参与集中的一个经营者拥有其他每个经营者50%以上有表决权的股份或者资产的；②参与集中的每个经营者50%以上有表决权的股份或者资产被同一个未参与集中的经营者拥有的。(《反垄断法》第27条) 该选项A公司仅持有"5%"股份，未达到50%的股份，则甲、乙公司的集中应当事先申报。

B选项正确，不当选。对禁止或限制经营者集中的决定不服的，经营者的救济途径是"先复议，再诉讼"。(《反垄断法》第65条第1款)

C选项错误，当选。此选项错误原因是审查的内容单一，应当进行综合判断，审查的内容还应包括对参与集中的经营者的市场控制力，对市场进入、技术进步的影响，相关市场的市场集中度等。(《反垄断法》第33条)

D选项错误，当选。对经营者集中进行审查，主要是两方面内容：①参与集中的经营者的情况；②该集中对市场、对消费者的影响。(《反垄断法》第33条) 因此，并不包括对其股东情况的审查。

93. 考点 不正当竞争行为（混淆行为）

答案 ACD

解析 混淆行为，是指经营者实施的引人误认为是他人商品或者与他人存在特定联系的行为。

A选项当选。擅自使用有一定影响的市场主体的名称（包括简称、字号等）引人误认的，构成混淆行为。

B选项不当选。乙的行为不构成"强制进行目标跳转"。《反不正当竞争法解释》第21条第2款规定："仅插入链接，目标跳转由用户触发的，人民法院应当综合考虑插入链接的具体方式、是否具有合理理由以及对用户利益和其他经营者利益的影响等因素，认定该行为是否违反反不正当竞争法第12条第2款第1项的规定。"

C选项当选。擅自使用与他人有一定影响的"装潢"，构成混淆。"装潢"是指由经营者营业场所的装饰、营业用具的式样、营业人员的服饰等构成的具有独特风格的整体营业形象。(《反不正当竞争法解释》第8条)

D选项当选。经营者擅自使用与他人有一定影响的姓名（包括笔名、艺名、译名等），引人误认为是他人商品或者与他人存在特定联系的，包括误认为与他人具有商业联合、许可使用、商业冠名、广告代言等特定联系，构成混淆。(《反不正当竞争法解释》第11条、第12条第2款)

94. 考点 作品的认定；作者的认定

答案 AD

解 析 A选项正确。《著作权法》所称作品，是指文学、艺术和科学领域内具有独创性并能以某种有形形式复制的智力成果。作品具体包括文字作品、音乐作品等类型。具体到电竞游戏比赛，因“竞技”具有不确定性，无法“以某种有形形式复制”，不符合“作品”构成。

B选项错误。作者是指“创作作品的人”。因体育比赛不能被定性为“作品”，也难以将体育比赛的参与者认定为“作者”。

C选项错误。《著作权法》上的“表演者”是指“演员、演出单位或者其他表演文学、艺术作品的人”。前已分析，电竞游戏不能被认定为“作品”，则从“表演者”概念，难以得出“游戏主播”是依据作品从事“表演”的人。

D选项正确。乙网络科技有限公司“未经授权”，扰乱市场竞争秩序，损害其他经营者的合法权益，明显违反了“商业道德”。(《反不正当竞争法》第2条第1款规定：“经营者在生产经营活动中，应当遵循自愿、平等、公平、诚信的原则，遵守法律和商业道德。”《反不正当竞争法解释》第1条规定：“经营者扰乱市场竞争秩序，损害其他经营者或者消费者合法权益，且属于违反反不正当竞争法第二章及专利法、商标法、著作权法等规定之外情形的，人民法院可以适用反不正当竞争法第2条予以认定。”)

第11章　消费者法

第33讲　消费者权益保护法

95. 糖栗子在2018年“果仁网”年中大促活动中团购了一台电动爆米花神器，收到神器后即生后悔之意。下列处理，符合《消费者权益保护法》无理由退货规定的是：（　　）

A. 糖栗子可以自收到商品之日起7日内退货，但需说明商品质量瑕疵理由

B. 若糖栗子无法和上述出售神器的商铺取得联系，她可以向“果仁网”索赔

C. 若上述商铺在网页显著位置标示“一经拆封，概不退换”，现在糖栗子已经打开包装，商铺可拒绝退货

D. 糖栗子如果退货，需要自己承担商品的运费

[考点] 消费者权利

96. 某款网红手机会在用户不知情的情况下，记录并存储用户所在位置信息，并将这些私人信息返回给公司，且该款手机在定位功能被关掉后仍会收集用户的位置信息。就上述厂商的行为，根据《消费者权益保护法》的规定，下列判断正确的是：（　　）

A. 上述厂商的行为侵犯了消费者的隐私权、知情权、自主选择权和公平交易权

B. 在用户知悉并同意的情况下，厂商可收集相关信息，但收集的范围仅限于与其服务直接相关的内容

C. 有关厂商如需收集用户位置等个人信息，应当经消费者同意，并说明所收集信息的目的和使用范围

D. 用户除要求上述厂商停止侵害、赔偿损失外，还可以要求精神损害赔偿

[考点] 经营者的义务（个人信息保护）

97. 张某从授权经销商甲公司处购买价格近600万元的进口轿车一辆，使用2年后，通过网上查询到该车有更换窗帘和漆面轻微损害处理。经查明，车辆因长途运输，在交付消费者前经销商甲公司对该车进行了整理，发现车辆左前门下方一处车漆瑕疵，其处理不涉及钣金，不涉及喷漆，仅经抛光打蜡即得到妥善处理。在交付购车者之前，经销商对存在的瑕疵和问题处理后进行了记载，并将该信息上传至消费者可以查询的该车官网，但是在张某提车时，并未告知上述情况。关于本案，下列哪一项说法是正确的？（　　）

A. 甲公司的行为构成欺诈

B. 张某可以主张购车款3倍的惩罚性赔偿

C. 甲公司的行为侵害了消费者的知情权

D. 甲公司的行为侵害了消费者的公平交易权

[考点] 欺诈的认定

第34讲 产品质量法

98. 张某在本市某商场为其8岁的女儿购买了一台近视眼治疗仪，但使用过后，造成了她的女儿双目失明的后果。经查，该近视眼治疗仪不符合国家标准，存在严重的质量缺陷。就该案，下列表述符合《产品质量法》规定的是：（　　）

A. 该治疗仪的生产者应对因该产品造成的他人人身、财产损害承担无过错责任

B. 该商场不能指明缺陷产品的生产者也不能指明其供货者的，应承担赔偿责任

C. 本市负有产品质量监督职责的市场监督管理部门应当承担连带责任

D. 本市青少年保护协会曾经大力推荐该款治疗仪，应当承担连带责任

[考点] 产品责任

第35讲 食品安全法

99. 2020年，甲省讨论本省特色食品“风干面”食品标准问题。下列表述哪些是错误的？（　　）

A. 没有风干面的食品安全国家标准时，可先行制定地方标准，待国家标准制

定后，酌情存废

B. 有风干面的食品安全国家标准的，可以制定并公布食品安全地方标准，但应当严于国家标准

C. 食品安全国家标准由国务院食品药品监督管理部门独立制定并提供国家标准编号

D. 食品安全风险监测方案是制定、修订风干面地方标准的科学依据

E. 省、自治区、直辖市人民政府卫生行政部门可以制定并公布食品安全地方标准，报同级人民政府备案

考点 食品安全标准

100. **孙某是甲超市的老顾客，某日发现某品牌香肠已经超过保质期，但甲超市未停止销售，第2天孙某又到甲超市购买该超过保质期的香肠15包。孙某到收银台结账后径直到服务台索赔，要求甲超市支付香肠售价10倍的赔偿金。关于本案，下列哪些判断是错误的？（　　）**

A. 孙某买假索赔，并非为生活消费需要的消费者，不适用惩罚性赔偿

B. 孙某买假索赔，并未受到欺诈，不适用惩罚性赔偿

C. 孙某的索赔请求于法有据

D. 本案难以确认超市是否“明知”香肠过期，故无权主张惩罚性赔偿

E. 本案若甲超市构成欺诈，应当适用商品价款3倍的惩罚性赔偿

考点 违反食品安全的法律责任

101. **徐某在甲超市购买了H食品进出口公司经销的葡萄酒32瓶，共消费金额3000元，这批进口葡萄酒包装上标注“配料：葡萄汁，微量二氧化硫”，但未按国家规定标注二氧化硫的具体含量。经查，该批葡萄酒符合国家食品安全标准且来源渠道合法。徐某要求甲超市退还购物款，并主张H公司支付其赔偿金3万元。对此，下列哪些说法是正确的？（　　）**

A. 该葡萄酒标签未标注具体添加量，不符合食品安全标准要求

B. 徐某退还购货款的请求能得到法律支持

C. 徐某要求10倍赔偿的请求不能得到支持

D. 徐某要求10倍赔偿的请求应当得到支持

E. 甲超市对该批葡萄酒负有召回义务

考点 违反食品安全标准的法律责任

102. 天星食品有限公司为专门生产婴幼儿食品的企业。该公司的下列行为，符合《食品安全法》相关规定的有哪些？(　　)

A. 从原料进厂到成品出厂的全过程质量控制，对出厂的婴幼儿配方食品按照十选一的比例进行批次抽检，保证食品安全

B. 将食品原料、食品添加剂、产品配方及标签等事项向所在地省人民政府食品安全监督管理部门备案

C. 将婴幼儿配方乳粉的产品配方报国务院食品安全监督管理部门注册

D. 使用同一婴幼儿乳粉配方开展双品牌经营

考点 婴幼儿食品

103. 近年常查出某些保健品中非法添加“他达那非”，冠心病及高血压患者人群服用，可能导致心肌梗死、血压过高、猝死等，长期服用会造成人体肾脏、肝脏功能不全等严重后果。基于保健食品的特殊性，《食品安全法》对其实行严格的监督管理。关于专门针对保健食品的监督管理措施，下列选项正确的是：(　　)

A. 就上述保健品，食品药品检验机构因过失出具不实检验报告，造成消费者损害，应当对消费者承担连带责任

B. 对上述侵害众多消费者合法权益的行为，中国消费者协会以及各省、市、县设立的消费者协会，可以向法院提起公益诉讼

C. 现查明其保健食品广告含有虚假内容，当地负责监督的食品安全监督管理部门应对消费者承担连带责任

D. 保健食品原料目录和允许保健食品声称的保健功能目录，可由省级食品安全监督管理部门制定、调整并公布

E. 该保健食品中使用了目录外原料，应当经国务院食品安全监督管理部门备案

考点 对保健食品的监管、民事责任

104. 甲市天河区中学从“还不饿”网站订餐，为该校学生提供午餐。今年6月发生学生集体发烧腹泻事件，多人被就近送往天河区医院治疗。经抽样检查“还不饿”网站送至学校的盒饭，其凉拌菜大肠杆菌含量严重超标。随后记者暗访调查发现，“还不饿”网站上大量送餐单位均是家庭小作坊，食品加工场所布满垃圾、污水横流，缺乏保温设施及冷藏冷冻设施，有的

食品厂家尚未在“还不饿”网站进行实名登记。现就该事件，下列判断哪些是正确的？（　　）

A. 该中学和区医院应当及时向天河区食品安全监督管理部门以及卫生行政部门报告

B. 天河区食品安全监督管理部门接到报告后应当向甲市政府和甲市卫健委报告

C. “还不饿”网站未对食品经营者进行实名登记，应当与食品经营者承担连带责任

D. 天河区食品安全监督管理部门应当立即成立事故处置指挥机构，依照应急预案的规定进行处置

E. 天河区食品安全监督管理部门应当对事故现场进行卫生处理

[考 点] 食品安全事故的通报

答案及解析

95. [考 点] 消费者权利

[答 案] BD

[解 析] A选项不当选。本题糖栗子选购电动爆米花神器，不属于例外商品，应当适用无理由退货规定。（《消费者权益保护法》第25条第1款）

B选项当选。在网购纠纷中，网络交易平台提供者不能提供销售者或者服务者的真实名称、地址和有效联系方式的，消费者也可以向网络交易平台提供者要求赔偿；网络交易平台提供者作出更有利于消费者的承诺的，应当履行承诺。网络交易平台提供者赔偿后，有权向销售者或者服务者追偿。所以本题糖栗子可以向网站索赔。

C选项不当选。商铺在显著位置标示，只能说明消费者在购买时确认“一经拆封，概不退换”，但该选项还欠缺一个条件，即“根据商品性质不适用无理由退货”。所以商铺不可拒绝糖栗子的无理由退货要求。（《消费者权益保护法》第25条第2款规定：“除前款所列商品外，其他根据商品性质并经消费者在购买时确认不宜退货的商品，不适用无理由退货。”）

96. [考 点] 经营者的义务（个人信息保护）

[答 案] BC

解析 B、C选项正确。经营者收集、使用消费者个人信息，应当：①遵循“合法、正当、必要”原则；②明示收集、使用信息的目的、方式和范围；③经消费者同意并为其保密。（《消费者权益保护法》第29条第1、2款）

A选项错误，没有涉及对“公平交易权”的侵犯。公平交易权，是指消费者在购买商品或者接受服务时，有权获得质量保障、价格合理、计量正确等公平交易条件，有权拒绝经营者的强制交易行为（《消费者权益保护法》第10条第2款）。本题在商品交易环节没有出现强迫交易行为。

D选项，错误是“精神损害赔偿”。经营者侵害消费者个人信息的，应当停止侵害、恢复名誉、消除影响、赔礼道歉，并赔偿损失。（《消费者权益保护法》第50条）

97. 考点 欺诈的认定

答案 C

解析 本案是否存在隐瞒车辆相关信息的主观故意是判断是否构成“欺诈”的关键。本案经销商并不存在“刻意隐瞒”信息的明显意图，并且该瑕疵尚未影响到购车者缔约的根本目的。

[类似案例（最高人民法院指导案例第17号）：合力华通公司提交的有张莉签名的车辆交接验收单，因系合力华通公司单方保存，且备注一栏内容由该公司不同人员书写，加之张莉对此不予认可，该验收单不足以证明张莉对车辆以前维修过有所了解。所以，该指导案例认定为“欺诈”。请大家注意两案案情有明显差异。]

98. 考点 产品责任

答案 ABD

解析 A选项当选。因产品存在缺陷造成人身、缺陷产品以外的其他财产损害的，生产者应当承担赔偿责任。（《产品质量法》第41条第1款）

B选项当选。由于销售者的过错使产品存在缺陷，造成人身、他人财产损害的，销售者应当承担赔偿责任。销售者不能指明缺陷产品的生产者也不能指明缺陷产品的供货者的，销售者应当承担赔偿责任。（《产品质量法》第42条）

C选项不当选。市场监督管理部门主管产品质量监督工作。（《产品质量法》第8条第2款）其作为行政监督主管部门，并不需要承担产品民事赔偿责任。

D 选项当选。“青少年保护协会”属于社会团体，它对产品质量作出承诺、保证，而该产品又不符合其承诺、保证的质量要求，给消费者造成损失的，与产品的生产者、销售者承担连带责任。(《产品质量法》第 58 条)

99. [考点] 食品安全标准

[答案] ABCDE

[解析] A、B 选项错误，当选。对没有食品安全国家标准的地方特色食品，可以制定食品安全地方标准。但是当相应的食品安全国家标准制定后，该地方标准即行废止。

C 选项错误，当选，错误为“独立制定并提供”。食品安全国家标准由国务院卫生行政部门会同国务院食品安全监督管理部门制定、公布，国务院标准化行政部门提供国家标准编号。(《食品安全法》第 27 条第 1 款)

D 选项错误，当选，错误为“监测方案”，应当是“评估结果”是制定、修订食品安全标准和实施食品安全监督管理的科学依据（《食品安全法》第 21 条第 1 款）。

E 选项错误，当选，错误为食品标准的备案制度，应该是向“国务院卫生行政部门”备案，而非“同级人民政府”。(《食品安全法》第 29 条规定：“对地方特色食品，没有食品安全国家标准的，省、自治区、直辖市人民政府卫生行政部门可以制定并公布食品安全地方标准，报国务院卫生行政部门备案。食品安全国家标准制定后，该地方标准即行废止。”)

100. [考点] 违反食品安全的法律责任

[答案] ABDE

[解析] A、B、C 选项，在食品、药品领域，消费者即使明知商品为假冒伪劣仍然购买，并以此诉讼索赔时，人民法院不能以其知假买假为由不予支持。这是特殊背景下的特殊政策考量。故 C 选项正确，不当选；A、B 选项错误，均当选。

D 选项错误，当选。超市作为食品销售者，应当按照保障食品安全的要求储存食品，及时检查待售食品，清理超过保质期的食品，该超市销售货架上“超过保质期”食品，可认定超市未履行法定义务。

E 选项错误，当选。违反食品安全标准，应当适用 10 倍的惩罚性赔偿。

（类似案例：重庆的王女士自2017年开始经营A土特产经营部并取得了食品经营许可证，许可内容为预包装食品销售、散装食品销售。2022年4月，客户张三先下单3份，收到货后表示"好吃"，又从网上购买了150份真空包装扣碗熟肉，共计4500元。经查询，王女士销售的该批食品符合质量标准，张三是职业打假人并有多次索赔记录。现张三因该批包装没有标注产品相关信息，将王女士告上法庭并高额索赔。该案和本题类似，最终二审判决王女士给予张三10倍赔偿，共约5万元。因为即使对方是"职业打假者"，但涉及食品安全的重大问题，仍然可以要求10倍惩罚性索赔。）

101. 考点 违反食品安全标准的法律责任

答案 ABC

解析 A、B选项正确。标签、标志、说明书是我国食品安全标准的内容。外包装成分标识不符合国家强制性标准的产品，违反了《食品安全法》的规定，故可退货。（《食品安全法》第26条第4项、第67条第1款）

C选项正确，D选项错误。10倍惩罚性赔偿并不适用于标签标识轻微瑕疵的食品。（《食品安全法》第148条第2款）

E选项错误。葡萄酒并非由于超市的原因造成不符合食品安全标准，所以超市（食品经营者）没有召回的义务。

（类似案例：李某购得苦茶一批，发现其备案标准并非苦茶的标准，且保质期仅为9个月，但产品包装上显示为18个月。此可适用10倍惩罚性赔偿，因为该瑕疵"会对消费者造成误导"。）

102. 考点 婴幼儿食品

答案 BC

解析 A选项不当选。应当是"逐批检验"，不能进行批次抽检。参见《食品安全法》第81条第1款的规定："婴幼儿配方食品生产企业应当实施从原料进厂到成品出厂的全过程质量控制，对出厂的婴幼儿配方食品实施逐批检验，保证食品安全。"

B、C选项当选。《食品安全法》第81条第3、4款规定，婴幼儿配方食品生产企业应当将食品原料、食品添加剂、产品配方及标签等事项向省、自治区、直辖市人民政府食品安全监督管理部门备案。婴幼儿配方乳粉的产品配方应当经国务院食品安全监督管理部门注册。注册时，应当提交配方研发报告和其他表明配方科学性、安全性的材料。

D 选项不当选。《食品安全法》第 81 条第 5 款规定，不得以分装方式生产婴幼儿配方乳粉，同一企业不得用同一配方生产不同品牌的婴幼儿配方乳粉。

103. 考点 对保健食品的监管、民事责任

答案 A

解析 B 选项错误，错误为“市、县设立的消费者协会”。对侵害众多消费者合法权益的行为，中国消费者协会以及在省、自治区、直辖市设立的消费者协会，可以向人民法院提起诉讼。(《消费者权益保护法》第 47 条)

C 选项错误。根据《食品安全法》第 140 条的规定，当地负责监督的食品安全监督管理部门作为行政监督主管部门，并不对虚假保健食品广告承担民事赔偿责任。

D 选项错误，错误为“省级”。保健食品原料目录和允许保健食品声称的保健功能目录，由国务院食品安全监督管理部门会同国务院卫生行政部门、国家中医药管理部门制定、调整并公布。(《食品安全法》第 75 条第 2 款)

E 选项错误，错误为“备案”，应当是“注册”。《食品安全法》第 76 条第 1 款规定：“使用保健食品原料目录以外原料的保健食品和首次进口的保健食品应当经国务院食品安全监督管理部门注册。……”

104. 考点 食品安全事故的通报

答案 AC

解析 发生食品安全事故的，事故单位和接收病人进行治疗的单位应当及时向事故发生地县级人民政府食品安全监督管理、卫生行政部门报告。接到报告的县级人民政府食品安全监督管理部门应当按照应急预案的规定向本级人民政府和上级人民政府食品安全监督管理部门报告。(《食品安全法》第 103 条第 1、3 款) 所以，A 选项正确，B 选项应当是向“天河区人民政府、市食品安全监督管理部门”报告，该选项错误。

D 选项错误。发生食品安全事故需要启动应急预案的，县级以上人民政府应当立即成立事故处置指挥机构，启动应急预案。(《食品安全法》第 105

条第 2 款）可知“食品安全监督管理部门”无权指挥调度。

E 选项错误。发生食品安全事故，应当由县级以上疾病预防控制机构对事故现场进行卫生处理，并对与事故有关的因素开展流行病学调查，有关部门应当予以协助。(《食品安全法》第 105 条第 3 款)

第12章 银行业法

第36讲 商业银行的基本制度

105. 关于商业银行贷款的业务规则，下列判断正确的是：（　）

A. 商业银行非法吸收存款或者违规发放贷款的，由中国人民银行责令改正

B. 向关系人发放担保贷款的条件优于其他借款人同类贷款条件的贷款合同无效

C. 不得向与商业银行有业务往来的客户企业的董事、监事和高级管理人员发放信用贷款

D. 商业银行管理的证券投资基金不得用于贷款

考点 贷款

106. A商业银行推出“租金贷”业务，租客在租房时，与长租房机构签订租约的同时跟A银行签订贷款合约，由A银行将借款人租金一次性支付给租房机构，然后租客每个月归还银行贷款。对此，下列哪些说法是正确的？（　）

A. A银行提供“租金贷”业务，须经国务院银保监机构审批或备案

B. A银行不得为申请“租金贷”小额贷款的租户提供信用贷款

C. 银行贷款应对租客的工作情况、工资收入、父母工作等情况进行严格审查

D. A银行对同一借款人的贷款余额与银行资本余额的比例不得超过10%

E. 国家市场监督管理总局可吊销A银行的金融许可证

考点 贷款的业务规则

107. 关于商业银行的业务规则，下列表述正确的有：（　）

A. 商业银行在我国境内不得从事信托投资业务，也不得向非自用不动产投资

B. 商业银行同业拆借的拆入资金可用于发放固定资产贷款或者解决临时性周转资金的需要

C. 商业银行应当向银保监会、中国人民银行报送资产负债表、利润表以及其他财务会计、统计报表和资料

D. 商业银行违反规定同业拆借的行为由中国人民银行责令改正并处罚款

考点 商业银行业务规则

第37讲 银行业的监督管理

108. 包商银行资本充足率一直在7.8%左右浮动，经查，大量资金被大股东违法违规占用，形成逾期，长期难以归还，导致包商银行出现严重的信用危机。针对上述情况，下列处理正确的是：( )

A. 该银行未遵守资本充足率、资产流动性比例，应当由中国人民银行责令改正

B. 国务院银行业监督管理委员会包头市派出机构应当责令其限期改正

C. 可以决定停止批准其开办新业务，并可暂停其部分业务

D. 因其可能严重影响存款人利益，可对其实施接管或者机构重组

E. 对涉嫌转移或者隐匿违法资金的，经银行业监督管理机构负责人批准，可以予以冻结

考点 违反审慎经营规则及其处理

答案及解析

105. 考点 贷款

答案 D

解析 A选项错误，错在“由中国人民银行责令改正”，正确表述应是“由银保监会责令改正”。

B选项错误，错在“贷款合同无效”。虽然向关系人发放担保贷款的条件优于其他借款人同类贷款条件属于违反《商业银行法》的行为，但银行和第三人签订的贷款合同是有效合同。

C选项错误。“与商业银行有业务往来的客户企业的董事、监事和高

级管理人员”并不是银行的关系人。参见《商业银行法》第40条第2款的规定：“前款所称关系人是指：①商业银行的董事、监事、管理人员、信贷业务人员及其近亲属；②前项所列人员投资或者担任高级管理职务的公司、企业和其他经济组织。”

106. [考点] 贷款的业务规则

[答案] AD

[解析] B选项错误。经商业银行审查、评估，确认借款人资信良好，确能偿还贷款的，可以不提供担保。(《商业银行法》第36条第2款)

C选项错误。商业银行贷款，应当对借款人的借款用途、偿还能力、还款方式等情况进行严格审查。(《商业银行法》第35条第1款) 这说明审查对象是“借款人”，并且审查内容是和借款相关的情况，所以C项错误在于审查借款人父母情况。

E选项错误。“银行业金融机构的设立、变更、终止以及业务范围”均是由银保监会批准，所以“金融许可证”是由银保监会颁发与吊销，而非市场监督管理行政部门。

107. [考点] 商业银行业务规则

[答案] ACD

[解析] B选项错误。《商业银行法》第46条第1款规定，禁止利用拆入资金发放固定资产贷款或者用于投资。

108. [考点] 违反审慎经营规则及其处理

[答案] CD

[解析] A选项错误。应当由国务院银行业监督管理委员会责令改正。

B选项错误。只有国务院银行业监督管理机构或者其省一级派出机构才有权责令违反审慎经营规则的银行限期改正（《银行业监督管理法》第37条第1款），该选项中的“包头市”是错误的。

C选项正确。根据《银行业监督管理法》第37条第1款第1项的规定，包商银行违反了审慎经营规则，且损害了存款人和其他客户的合法权益，对其可责令暂停部分业务、停止批准开办新业务。

D选项正确。商业银行已经或者可能发生信用危机，严重影响存款人

的利益时，国务院银行业监督管理机构可以对该银行实行接管。(《商业银行法》第 64 条第 1 款)

E 选项错误。应当“申请法院”予以冻结。

第13章 财 税 法

第38讲 税收征纳实体法

109. 关于个人所得税的征缴，根据《个人所得税法》的规定，下列哪一项是正确的？（　　）

A. 居民纳税人是指具有中国国籍或者有来源于中国境内所得的个人

B. 居民个人综合所得全年应纳税所得额不超过 36 000 元的，其超额累计税率为 10%

C. 甲省政府给本省籍贯的奥运会冠军颁发 20 万元奖金，可以免征个人所得

D. 外国人汤姆于 2019 年 1 月 15 日来到中国工作，截止到 2019 年 10 月 14 日。在此期间，汤姆在外国杂志上发表文章获得的稿酬收入不应在我国缴纳个人所得税

[考 点] 个人所得税的征缴

110. 根据《个人所得税法》的规定，出现下列哪些情况，我国税务机关有权按照合理方法进行纳税调整？（　　）

A. 张某与其关联方之间的业务往来不符合独立交易原则且无正当理由而减少张某应纳税额的

B. 李某因移民需要注销中国户籍的

C. 赵某被国内公司派往外国工作，他从中国境外取得的所得

D. 演员王某要求将 1000 万元片酬汇入王某设立在 A 地的个人工作室（A 地属于实际税负明显偏低地区），税务机关有权按照合理方法进行纳税调整

[考 点]（个税）纳税调整

111. 根据《企业所得税法》的规定，下列说法正确的是：（　　）

A. 我国境内的个人独资企业和合伙企业均不需要缴纳企业所得税

B. 居民企业和非居民企业适用的税率均不同

C. 甲公司购买国债取得的利息收入，可免征企业所得税

D. 丁公司开发一项新技术的研究开发费用，请求在计算应纳税所得额时加计扣除

考点 企业所得税

112. 企业出现下列哪种情况，可根据《企业所得税法》享有税收优惠？（　　）

A. 企业从事符合条件的环境保护、节能节水项目的所得，可以适当提高企业所得税

B. 企业安置残疾人员所购置无障碍设备费用，可以在计算应纳税所得额时加计扣除

C. 创业投资企业从事非国家重点扶持和鼓励的创业投资，可以按投资额的一定比例抵扣应纳税所得额

D. 企业在计算应纳税所得额时，税收滞纳金和罚款不得扣除

E. 企业在计算应纳税所得额时应当扣除向投资者支付的股息等权益性投资收益款项

考点（企税）税收优惠

113. 根据《车船税法》的规定，对于具有特殊功能和作用的车船，可以给予减免车船税优惠待遇。下列说法正确的是：（　　）

A. 捕捞、养殖渔船和农用车可法定免征车船税

B. 悬挂应急救援专用号牌的国家综合性消防救援车船可法定免征车船税

C. 从事机动车第三者责任强制保险业务的保险机构应当在收取保险费时依法代收车船税

D. 对节约能源、使用新能源的车船可以减征或者免征车船税

考点 车船税

114. 商品增值税是我国一项重要税种，是以商品和劳务在流通各环节的增加值为征税对象的一种流转税。关于该税种，下列判断符合法律规定的有：（　　）

A. 依据课税对象，我国增值税法属所得税法

B. 我国由生产型增值税转为国际上通用的消费型增值税，以特定消费品的流转额为征税对象

C. 增值税的纳税人为在我国境内销售货物或者提供加工、修理修配劳务以及进口货物的单位和个人

D. 农业生产者销售的自产农业产品项目可免征增值税

考点 增值税纳税对象

第39讲 税收征收管理法

115. 某市税务局经过调查，发现兴达公司擅自销毁账簿并且拒不提供纳税资料。对此该市税务局有权采用下列哪些方法核定其应纳税额？（ ）

A. 参照全国同类行业或者类似行业中经营规模和收入水平相近的纳税人的税负水平核定

B. 按照兴达公司的营业收入或者成本加合理的费用和利润的方法核定

C. 按照兴达公司耗用的原材料、燃料、动力等推算或者测算核定

D. 按照兴达公司上年度投入宣传的广告费用核定

考点 税款征收的措施（核定应纳税额）

116. 东方机械厂是甲县的纳税大户，现在准备整体拆迁至邻省乙县。甲县税务局要求其在 2018 年 12 月 30 日前缴清所欠税款。下列符合法律规定的是：（ ）

A. 2018 年 6 月，甲县税务局发现东方机械厂有隐匿转移财产的行为，则既可以采取税收保全措施，也可以直接采取强制执行措施

B. 东方机械厂曾欠当地信用合作社一笔贷款到期未还并以一栋厂房设定了抵押，则就该房屋拍卖后的价款优先清偿该项贷款

C. 如果东方机械厂怠于行使一笔对季佳公司的到期债权，甲县税务局可以直接向季佳公司代位行使债权

D. 如果东方机械厂放弃对王五的到期债权，甲县税务局可以直接行使撤销权

考点 税款征收的措施（税收保全、代位权、优先权）

第40讲 审计法

117. **根据《审计法》的规定，审计机关有权对下列哪些行为进行监督？（　　）**

A. 国有金融机构的资产负债情况

B. 社会保障基金、社会捐赠资金等的财务收支

C. 国家的事业组织财务收支

D. 各项大型建设项目预算的执行情况和决算

[考点] 审计机关的职责

118. **被审计单位转移、隐匿、篡改、毁弃会计凭证、会计账簿、财务会计报告以及其他与财政收支、财务收支有关的资料，或者转移、隐匿所持有的违反国家规定取得的资产的，审计机关可以采取下列哪些措施？（　　）**

A. 直接封存被审计单位准备转移的有关资料和违反国家规定取得的资产

B. 冻结被审计单位在金融机构的涉案存款

C. 审计机关对上述行为直接负责的主管人员和其他直接责任人员提出给予处分的建议

D. 对上述违法行为有权予以制止

[考点] 审计机关的权限

答案及解析

109. [考点] 个人所得税的征缴

[答案] C

[解析] A 选项错误。区分“居民纳税人”与“非居民纳税人”的标准不是国籍，而是根据“住所+居住时间”判断。（《个人所得税法》第 1 条第 1、2 款）

B 选项错误。根据超额累进税率表，全年应纳税所得额不超过 36 000 元的，其超额累计税率为 3%。

C 选项正确。《个人所得税法》第 4 条规定：“下列各项个人所得，免征个人所得税：①省级人民政府、国务院部委和中国人民解放军军以上单

位，以及外国组织、国际组织颁发的科学、教育、技术、文化、卫生、体育、环境保护等方面的奖金；……”

D选项错误。汤姆在一个纳税年度内（2019年1月1日~2019年12月31日）在中国境内居住累计满183天，为居民个人。他从中国境内和境外取得的所得，依我国税法均要缴纳个人所得税。(《个人所得税法》第1条第1款)

110. 考点 (个税) 纳税调整

答案 AD

解析 A选项当选。个人与其关联方之间的业务往来不符合独立交易原则而减少本人或者其关联方应纳税额，且无正当理由的，税务机关有权按照合理方法进行纳税调整。(《个人所得税法》第8条第1款第1项)

B选项不当选。《个人所得税法》第13条第5款规定："纳税人因移居境外注销中国户籍的，应当在注销中国户籍前办理税款清算。"所以，李某因移民需要注销中国户籍，是办理税款清算，而不是"税收调整"。

C选项不当选。赵某适用税款抵免，而非"税收调整"。参见《个人所得税法》第7条的规定："居民个人从中国境外取得的所得，可以从其应纳税额中抵免已在境外缴纳的个人所得税税额……"

D选项当选。居民个人控制的，或者居民个人和居民企业共同控制的设立在实际税负明显偏低的国家（地区）的企业，无合理经营需要，对应当归属于居民个人的利润不作分配或者减少分配的，税务机关有权按照合理方法进行纳税调整。(《个人所得税法》第8条第1款第2项)

111. 考点 企业所得税

答案 ACD

解析 B选项错误。《企业所得税法》第4条规定："企业所得税的税率为25%。非居民企业取得本法第3条第3款规定的所得，适用税率为20%。"所以居民企业、非居民企业的企业所得税税率原则上为25%。

D选项正确。"加计扣除"的两种情况是常考点。参见《企业所得税法》第30条的规定："企业的下列支出，可以在计算应纳税所得额时加计扣除：①开发新技术、新产品、新工艺发生的研究开发费用；②安置残疾人员及国家鼓励安置的其他就业人员所支付的工资。"

112. 考点（企税）税收优惠

答案 D

解析 A 选项不当选。从事符合条件的环境保护、节能节水项目的所得，恰恰是应当减免企业所得税。

B 选项不当选。“加计扣除”包括两种情况：①开发新技术、新产品、新工艺发生的研究开发费用；②安置残疾人员及国家鼓励安置的其他就业人员所支付的工资。但 B 选项是“购置无障碍设备费用”，并非“工资”。

C 选项不当选。国家对重点扶持和鼓励发展的产业和项目，给予企业所得税优惠。（《企业所得税法》第 25 条）所以，该选项已经告知“非国家重点扶持和鼓励”，当然没有“按投资额抵扣”的企业所得税税收优惠。

D 选项当选。企业实际发生的与取得收入有关的、合理的支出，包括成本、费用、税金、损失和其他支出，准予在计算应纳税所得额时扣除。而税收滞纳金和罚款，并非企业的合理支出，不得在税前扣除。（《企业所得税法》第 8 条，第 10 条第 3、4 项）

E 选项不当选。“向投资者支付的股息、红利等权益性投资收益款项”是尚未发生的、不确定的支出，不得在税前扣除。（《企业所得税法》第 10 条第 1 项）

113. 考点 车船税

答案 BCD

解析《车船税法》第 3 条规定：“下列车船免征车船税：①捕捞、养殖渔船；②军队、武装警察部队专用的车船；③警用车船；④悬挂应急救援专用号牌的国家综合性消防救援车辆和国家综合性消防救援专用船舶；⑤依照法律规定应当予以免税的外国驻华使领馆、国际组织驻华代表机构及其有关人员的车船。”（军警消外渔）

A 选项错误。“农用车”并非法定减免对象，只有捕捞、养殖“渔船”是法定减免对象。

B 选项正确。悬挂应急救援专用号牌的国家综合性消防救援车船是 2019 年《车船税法》新增的一种法定免除车船税类型。

C 选项正确。参见《车船税法》第 6 条的规定：“从事机动车第三者责任强制保险业务的保险机构为机动车车船税的扣缴义务人，应当在收取保险费时依法代收车船税，并出具代收税款凭证。”

D选项正确。参见《车船税法》第4条的规定："对节约能源、使用新能源的车船可以减征或者免征车船税；……"

114. 考点 增值税纳税对象

答案 CD

解析 A选项不当选。增值税法是商品税法，而非所得税法。

B选项不当选。特定消费品不是"增值税"的征税对象，是"消费税"的征税对象。

115. 考点 税款征收的措施（核定应纳税额）

答案 BC

解析 A选项不当选。该选项考查点很细微，错在"全国同类"，应是"当地同类行业"。

B、C选项当选。参见《税收征收管理法实施细则》第47条的规定："纳税人有税收征管法第35条或者第37条所列情形之一的，税务机关有权采用下列任何一种方法核定其应纳税额：①参照当地同类行业或者类似行业中经营规模和收入水平相近的纳税人的税负水平核定；②按照营业收入或者成本加合理的费用和利润的方法核定；③按照耗用的原材料、燃料、动力等推算或者测算核定；④按照其他合理方法核定。采用前款所列一种方法不足以正确核定应纳税额时，可以同时采用两种以上的方法核定。纳税人对税务机关采取本条规定的方法核定的应纳税额有异议的，应当提供相关证据，经税务机关认定后，调整应纳税额。"

D选项不当选。"公司上年度投入宣传的广告费用"难以准确反映公司的收入水平，所以不能作为核定其应纳税额的依据。

116. 考点 税款征收的措施（税收保全、代位权、优先权）

答案 B

解析 A选项不当选。因为东方厂尚未欠缴税款，不符合对其采取税收强制执行措施的前提。

B选项当选。由于抵押权的设定发生在纳税人欠缴的税款之前，所以抵押权应当优先于税收清偿。（《税收征收管理法》第45条第1款）

C、D选项不当选。税务机关应当是向人民法院请求以自己的名义代

位行使债务人的债权或撤销权，而不能直接向债务人行使代位权或撤销权。(《税收征收管理法》第50条第1款)

117. [考点] 审计机关的职责

[答案] AC

[解析] B选项不当选。审计机关仅对“政府部门管理的和其他单位受政府委托管理的”社保基金、社会捐赠资金等财务收支，进行审计监督。(《审计法》第24条第1款)

D选项不当选，对建设项目的审计监督是有限定对象的，即：①政府投资和以政府投资为主的建设项目的预算执行情况和决算；②其他关系国家利益和公共利益的重大公共工程项目的资金管理使用和建设运营情况。(《审计法》第23条)

118. [考点] 审计机关的权限

[答案] CD

[解析] A选项不当选，错误是“直接”。《审计法》第38条第2款规定：“审计机关对被审计单位违反前款规定的行为，有权予以制止；必要时，经县级以上人民政府审计机关负责人批准，有权封存有关资料和违反国家规定取得的资产；……”

B选项不当选。《审计法》第38条第2款规定：“……对其中在金融机构的有关存款需要予以冻结的，应当向人民法院提出申请。”

第14章 土地法与房地产管理法

第41讲 土地管理法

119. 关于集体土地的使用权，根据《土地管理法》及相关法律的规定，下列选项正确的是：（ ）

A. 农民集体所有的土地既可以由本集体经济组织的成员承包经营，也可以由本集体经济组织以外的单位或者个人承包经营

B. 本集体经济组织的成员承包土地的经营期限为 20 年

C. 承包农民集体所有的土地必须从事种植业、林业、畜牧业、渔业生产

D. 在土地承包经营期限内，对个别承包经营者之间承包的土地进行适当调整的，必须经村民会议 2/3 以上成员或者 2/3 以上村民代表的同意，并报乡（镇）人民政府和县级人民政府农业农村等主管部门批准

考 点 土地承包经营权

120. 关于对永久基本农田的保护，根据《土地管理法》的规定，下列哪一选项是正确的？（ ）

A. 某段高速公路（国家重点建设项目）的选址确实难以避让一块永久基本农田，相关的土地征收问题必须经当地省级人民政府批准

B. 县政府可以通过调整乡（镇）土地利用总体规划方式，将永久基本农田转为建设用地

C. 永久基本农田可以适度开展林果业和挖塘养鱼

D. 永久基本农田一旦划定，不得擅自更改

考 点 永久基本农田的保护

121. 对于土地的利用，以下选项符合法律规定的有：(　　)

A. 某县政府设立一机构专门负责本县传染病防治的监督管理，但是县政府办公场所紧张，遂与该县某乡政府协商，将该乡某村村民集体所有的一块土地无偿划拨给该机构

B. 某省政府将一块国有土地无偿划拨给某空军部队用于营区建设

C. 某省政府将一块国有土地无偿划拨用于经营性墓地

D. 某省政府贯彻国家发展可再生能源的政策，为尽快解决本省电力不足的问题，将一块国有土地无偿划拨给某水电公司修建基础设施进行水电开发

E. 凤凰城别墅区通往县城的道路建设用地可以通过划拨方式取得

考点 建设用地（划拨方式）

122. 关于某市规划区内以出让方式提供国有土地使用权进行房地产开发，下列哪些选项是正确的？(　　)

A. 甲公司以出让方式取得一宗商品房开发用地的使用权，基于“一城一策”，该市政府同意甲公司先销售商品房后缴纳土地出让金

B. 乙公司以出让方式取得一块国有土地的使用权后，该市规划主管部门应当依据控制性详细规划，提出出让地块的位置、使用性质、开发强度等规划条件

C. 尚未确定开发强度等规划条件的地块，不得出让国有土地使用权

D. 丁公司拟将以出让方式取得的一块工业用地变更为住宅建设用地，应当先经规划主管部门同意

考点 房地产开发用地（出让）；城乡规划的实施

第42讲 城乡规划法

123. 2020年8月30日，北京正式公布首都功能核心区规划（2018~2035年）。核心区总面积约92.5平方公里，在城市空间结构上，规划以“两轴一城一环”作为首都功能核心区骨架，进一步明确了首都功能核心区的规模与结构。到2035年，核心区常住人口规模控制在170万人左右，地上建筑规模控制在1.19亿平方米左右。就该规划，下列哪些说法是正确的？(　　)

A. 该规划类型属于控制性详细规划

B. 该规划类型属于修建性详细规划

C. 该规划的制定要符合北京城市总体规划的发展目标和要求

D. 确有必要修改该规划，修改涉及城市总体规划的强制性内容时，应当先修改总体规划

[考点] 城乡规划的种类（控制性规划）

第43讲　城市房地产管理法

124. 甲公司以出让方式取得某地块 50 年土地使用权，用于建造住宅楼。获得土地使用权满 2 年时，甲公司将该地块的使用权转让给乙公司。对此，下列说法正确的是：(　　)

A. 甲公司转让土地使用权的，应当同时转让已建成的住宅楼

B. 乙公司改变原土地出让合同约定的土地用途的，必须取得规划部门的同意

C. 乙公司对受让的该土地使用权的使用年限为 48 年

D. 国家根据社会公共利益的需要，依照法律程序提前收回该土地使用权的，应当赔偿乙公司的损失

[考点] 房地产交易

125. 华润房地产开发公司在某市新开发一处大型商住楼盘，该公司在商品房预售时应当符合下列哪些条件？(　　)

A. 华润房地产开发公司向该市房产管理部门办理预售登记，并取得商品房预售许可证明

B. 现查明，李某签订合同时，出卖人未取得商品房预售许可证明，该商品房预售合同无效

C. 如该房地产公司在被起诉前取得商品房预售许可证明，可以认定和李某的预售合同有效

D. 现查明，该商品房预售合同未办理登记备案手续，则该合同无效

[考点] 商品房预售

第44讲　不动产登记暂行条例

126. 关于我国《不动产登记暂行条例》中规定的不动产登记种类和登记事项，

下列判断正确的有哪些？(　　)

A. 不动产登记包括不动产首次登记、变更登记、转移登记、注销登记、更正登记、异议登记、预告登记、查封登记等

B. 土地承包经营权依照《农村土地承包法》之规定办理登记，不受《不动产登记暂行条例》规范

C. 当事人签订买卖房屋协议并向登记机构申请预告登记的，未经权利人同意处分该房屋时，不发生物权效力

D. 属于国家所有的自然资源，其所有权可以不登记

考点 不动产登记种类；登记事项

127. 关于不动产登记程序，下列哪些判断符合《不动产登记暂行条例》的规定？(　　)

A. 因买卖、设定抵押权等申请不动产登记的，应当由当事人双方共同申请

B. 继承、接受遗赠取得不动产权利的，可以由当事人单方申请

C. 不动产申请存在尚未解决的权属争议的，不动产登记机构应当不予登记

D. 对在建的建筑物办理抵押权登记的，不动产登记机构可以进行实地查看

考点 不动产登记程序

答案及解析

119. 考点 土地承包经营权

答案 ACD

解析 A选项正确。农民集体所有的土地既可以由本集体经济组织的成员承包经营，也可以由本集体经济组织以外的单位或个人承包经营，只不过后者必须经村民会议2/3以上成员或者2/3以上村民代表的同意，并报乡(镇)人民政府批准。

B选项错误。依据《土地管理法》第13条第1款的规定，本集体经济组织的成员的土地承包经营期限为30年。

C选项正确，符合《土地管理法》第13条第2款的规定。

D选项正确，符合《农村土地承包法》第28条第2款的规定。

120. 【考点】永久基本农田的保护

【答案】D

【解析】A 选项错误，应当是“经国务院批准”。《土地管理法》第 35 条第 1 款规定：“永久基本农田经依法划定后，任何单位和个人不得擅自占用或者改变其用途。国家能源、交通、水利、军事设施等重点建设项目选址确实难以避让永久基本农田，涉及农用地转用或者土地征收的，必须经国务院批准。”

B 选项错误，D 选项正确。禁止通过擅自调整县级土地利用总体规划、乡（镇）土地利用总体规划等方式规避永久基本农田农用地转用或者土地征收的审批。（《土地管理法》第 35 条第 2 款）

C 选项错误。禁止占用永久基本农田发展林果业和挖塘养鱼。（《土地管理法》第 37 条第 3 款）

121. 【考点】建设用地（划拨方式）

【答案】BD

【解析】《城市房地产管理法》第 24 条规定：“下列建设用地的土地使用权，确属必需的，可以由县级以上人民政府依法批准划拨：①国家机关用地和军事用地；②城市基础设施用地和公益事业用地；③国家重点扶持的能源、交通、水利等项目用地；④法律、行政法规规定的其他用地。”

A 选项不当选。某村村民集体所有的土地性质上是集体土地，并非国有土地，所以该块土地不能采取划拨方式。

C 选项不当选。“经营性墓地”属于商业用地，不符合上述《城市房地产管理法》第 24 条规定的划拨地范围。

E 选项不当选。别墅区通往县城的道路建设用地并不属于城市基础设施用地，也不属于国家重点扶持的交通基础设施用地，因此，不能划拨取得。

122. 【考点】房地产开发用地（出让）；城乡规划的实施

【答案】CD

【解析】A 选项错误。正确做法是：“缴纳土地使用权出让金等土地有偿使用费和其他费用后，方可使用土地”（《土地管理法》第 55 条第 1 款），而不能“先取得土地—建造商品房销售—再补缴出让金”。

B 选项错误，应当是“……土地使用权出让前……提出出让地块的位置、使用性质、开发强度等规划条件”（《城乡规划法》第38条第1款）。同条可知，C选项正确。

D选项正确。参见《土地管理法》第56条的规定：“建设单位……确需改变该幅土地建设用途的，应当经有关人民政府自然资源主管部门同意，报原批准用地的人民政府批准。其中，在城市规划区内改变土地用途的，在报批前，应当先经有关城市规划行政主管部门同意。”

123. 考点 城乡规划的种类（控制性规划）

答案 ACD

解析 A选项正确。控制性规划，一般是指确定建设地区的土地使用性质、使用强度等控制指标、道路和工程管线控制性位置以及空间环境控制的规划。根据该定义，首都功能核心区规划属于控制性规划。

C选项正确。城市人民政府城乡规划主管部门根据城市总体规划的要求，组织编制城市的控制性详细规划，经本级人民政府批准后，报本级人民代表大会常务委员会和上一级人民政府备案。（《城乡规划法》第19条）

D选项正确。控制性详细规划修改涉及城市总体规划、镇总体规划的强制性内容的，应当先修改总体规划。（《城乡规划法》第48条第1款）

124. 考点 房地产交易

答案 ABC

解析 C选项正确。以出让方式取得土地使用权的，转让房地产后，其土地使用权的使用年限为原土地使用权出让合同约定的使用年限减去原土地使用者已经使用年限后的剩余年限。（《城市房地产管理法》第43条）甲公司已使用该土地2年，转让后，乙公司对该土地的使用年限为48年。

D选项，错误是“赔偿”。在特殊情况下，根据社会公共利益的需要，可以依照法律程序提前收回土地使用者依法取得的土地使用权，并根据土地使用者使用土地的实际年限和开发土地的实际情况给予相应的补偿。（《城市房地产管理法》第20条）

125. 考点 商品房预售

答案 ABC

解析 D选项不当选。未办理登记备案手续，不得对抗善意第三人，但合同有效。

126. [考点] 不动产登记种类；登记事项

[答案] ACD

[解析] A 选项正确。《不动产登记暂行条例》第 3 条规定："不动产首次登记、变更登记、转移登记、注销登记、更正登记、异议登记、预告登记、查封登记等，适用本条例。"

B 选项错误。《不动产登记暂行条例》第 5 条规定："下列不动产权利，依照本条例的规定办理登记：……④耕地、林地、草地等土地承包经营权；……"可见，土地承包经营权登记亦受到《不动产登记暂行条例》之规范。

127. [考点] 不动产登记程序

[答案] ABCD

[解析] A、B 选项当选。我国不动产登记以双方共同申请为原则，但在继承、接受遗赠取得不动产权利的情况下，可由当事人单方申请。(《不动产登记暂行条例》第 14 条)

C 选项当选。登记申请有下列情形之一的，不动产登记机构应当不予登记，并书面告知申请人：①违反法律、行政法规规定的；②存在尚未解决的权属争议的；③申请登记的不动产权利超过规定期限的；④法律、行政法规规定不予登记的其他情形。(《不动产登记暂行条例》第 22 条)

D 选项当选。属于下列情形之一的，不动产登记机构可以对申请登记的不动产进行实地查看：①房屋等建筑物、构筑物所有权首次登记；②在建建筑物抵押权登记；③因不动产灭失导致的注销登记；④不动产登记机构认为需要实地查看的其他情形。(《不动产登记暂行条例》第 19 条第 1 款)

第15章　劳动法律关系

第45讲　劳动法

128. 甲公司公布施行《工作纪律规定》，要求女员工3年内不得连续生育两胎，否则公司有权采取转岗或解除合同处理。同时公司《员工绩效管理办法》规定：员工年度绩效考核分别为“优秀、合格、业绩不达标”三个等级，等级的比例分别为20%、70%、10%；如果员工连续2年均考评为“不胜任工作”，公司有权解除合同。公司董事会讨论通过了上述内部管理制度。下列哪些说法是正确的？（　　）

A. 上述两项制度均已向劳动者公示，可以作为确定双方权利义务的依据

B. 上述管理制度制定程序违法，劳动者可以即时辞职并且要求甲公司支付经济补偿金

C. 王某签订的劳动合同中并无生育时间限制，发生纠纷时，王某有权主张优先适用劳动合同约定

D. 李某连续2次绩效排名均为末等10%范围，甲公司有权以其不能胜任为由解除劳动合同

［考点］企业内部规章制度

129. 关于女职工的保障制度，下列说法正确的是：（　　）

A. 对于孕期、产期、哺乳期的女职工，单位不得单方解除其劳动合同

B. 禁止安排女职工从事矿山井下、国家规定的第四级体力劳动强度的劳动和其他禁忌从事的劳动

C. 不得安排女职工在经期从事高处、低温、冷水作业和国家规定的第三级体力劳动强度的劳动

D. 不得安排女职工在怀孕期间从事国家规定的第三级体力劳动强度的劳动和孕期禁忌从事的劳动。对怀孕 6 个月以上的女职工，不得安排其延长工作时间和夜班劳动

[考点] 对女职工的特殊保护

130. **我国劳动者有权依法参加和组织工会，工会是代表和维护劳动者的合法权益，依法独立自主地开展活动的组织。根据劳动法律的有关规定，下列关于工会职权的表述，哪些是正确的？（　　）**

A. 工会有权参加社会保险监督委员会，对与职工社会保险权益有关的事项进行监督

B. 工会成员有权担任企业劳动争议调解委员会的企业代表

C. 工会有权代表全体劳动者和用人单位签订集体合同

D. 因履行集体合同发生争议，经协商解决不成的，工会有权以自己的名义申请仲裁、提起诉讼

E. 用人单位单方解除劳动合同，应当事先将理由通知工会，否则解除劳动合同无效

[考点] 工会的职权

第46讲　劳动合同法

131. **黄某是甲公司的技术工程部经理，现他和甲公司产生劳动纠纷，遂向自己的一个律师朋友咨询。该律师的下述意见，哪些是正确的？（　　）**

A. 合同中“如黄某未能完成全年度考核指标的 75%，应当支付甲公司 2 万元违约金”的条款无效

B. 合同中约定“黄某任期内应当保守公司商业秘密，但公司不支付保密费”的条款无效

C. 甲公司曾为黄某提供专业技术培训并约定服务期为 3 年，现黄某应聘去另一家公司遂提前辞职，甲公司可要求其支付违约金的条款有效

D. 黄某严重违反公司规章制度，甲公司提前解除服务期合同并要求黄某支付违约金的条款有效

[考点] 劳动合同的特殊条款

132. 张某大学毕业进入甲公司，后被公司选派到美国 ABB 公司进行专业技术培训，培训费由甲公司支付，并签订了回单位后 3 年的服务期合同。现在张某和甲公司在约定的服务期内发生如下纠纷，其中处理符合法律规定的是：（　　）

A. 甲公司未为出国培训员工缴纳社会保险费，张某提出辞职时要支付违约金

B. 张某严重违反公司规章制度，现甲公司提前解除服务期合同并要求张某支付违约金

C. 甲公司要求张某支付的违约金不得超过服务期尚未履行部分所应分摊的培训费用以及张某辞职给公司造成的损失

D. 张某因个人原因提前辞职，需要提前 30 日以书面形式通知并支付违约金

[考点] 劳动合同的特殊条款

133. 甲企业欲解除与下列职工之间的劳动合同，其所提出的如下理由或做法中，哪些是有法律依据的？（　　）

A. 劳动者张某书面要求甲企业不为其缴纳社会保险，后又以用人单位未缴纳社会保险为由提出解除劳动合同并主张经济补偿

B. 甲企业兼并东方厂，接收原厂职工，律师主张原东方厂已经向劳动者支付经济补偿的，甲公司可不计算劳动者在原用人单位的工作年限

C. 怀孕女职工陆某违规操作造成重大责任事故，甲企业决定解雇陆某并拒绝支付经济补偿金

D. 李某合同到期，甲企业提出按照原合同续订 1 年但遭到李某拒绝，甲企业也拒绝支付经济补偿金

[考点] 劳动合同解除理由

134. 某市劳动争议仲裁委收到下列关于无固定期限劳动合同的仲裁申请，其中当事人主张的理由，正确的是：（　　）

A. 秋风 2016 年进入甲厂，已经连续订立 2 次 2 年固定期限劳动合同，现第 3 次续订合同时，他有权要求订立无固定期限劳动合同

B. 秋雨是就业困难人员，他在区政府安置提供的给予相应补贴的公益岗位上班，可参照适用无固定期限劳动合同的规定

C. 秋山在菲洛巧克力公司（中意合资）连续工作满 10 年，现续订劳动合同时，公司有权和他协商是否续订无固定期限劳动合同

D. 秋叶是甲市爆破器材厂（国有企业）的老员工，今年 57 岁，在该企业连

续工作满 10 年，现国企改制时企业有义务和秋叶签订无固定期限劳动合同

[考 点] 特殊劳动合同形式（无固定期限劳动合同）

135. **甲公司与丙劳务派遣公司签订协议，由丙劳务派遣公司派遣王某到甲公司担任保洁员。王某在劳务派遣期间出现下列情况，哪些做法是符合法律规定的？（　　）**

A. 甲公司以生产经营停顿导致签订派遣协议时所依据的客观情况发生重大变化为由，将王某退回丙劳务派遣公司

B. 王某严重违反甲公司规章制度，甲公司有权解除与王某的劳动合同

C. 丙劳务派遣公司违反《劳动合同法》的规定造成王某损害的，甲公司应当承担连带赔偿责任

D. 甲公司违法用工给王某造成损害的，丙劳务派遣公司应当承担连带赔偿责任

[考 点] 特殊劳动合同形式（劳务派遣）

136. **根据我国《劳动合同法》的相关规定，劳动合同与集体合同既有联系又有区别。下列关于两者异同点的表述，哪些是正确的？（　　）**

A. 集体合同由工会代表企业职工一方与用人单位订立；尚未建立工会的用人单位，由上级工会指导劳动者推举的代表与用人单位订立

B. 劳动者个人与企业订立的劳动合同中劳动条件和劳动报酬标准不得低于集体合同的规定

C. 劳动合同和集体合同都自签订之日起生效

D. 根据特别优于普通的原则，个人劳动合同的效力优先于集体合同的效力

[考 点] 特殊劳动合同形式（集体合同）

第47讲 劳动争议调解仲裁法

137. **2021 年甲公司和下列人员发生的纠纷，属于劳动争议的有哪些？（　　）**

A. 张某虽在甲公司工作但双方没有订立书面劳动合同，现要离职发生的经济补偿纠纷

B. 甲公司逾期没有支付解除劳动合同的经济补偿，职工李某要求加付赔偿金发生纠纷

C. 王某辞职但甲公司拒绝为他办理社会保险关系等移转手续发生的纠纷

D. 甲公司返聘本单位已经退休的职工赵某，现在双方发生用工争议

考点 劳动争议的认定

138. 栗子是上海百果在线文化传播网的人力资源主管，现公司拖欠栗子 2019 年 3 月工资 4000 元迟迟不付。根据《劳动争议调解仲裁法》的规定，对上述欠薪纠纷的正确解决方式有：（　　）

A. 栗子对仲裁裁决不服的，不得再向法院提起诉讼

B. 百果网对仲裁裁决不服的，不得再向法院提起诉讼

C. 若栗子认可仲裁裁决向法院申请执行，但百果网不服，向中院申请撤销，中院应当不予受理用人单位的申请

D. 若当事人双方均不服，栗子提起诉讼并且百果网向中院申请撤销，中院应当不予受理用人单位的申请

考点 劳动争议的解决方式（小额纠纷）

139. 张某和甲运输公司签订了劳动合同，在工作期间，双方发生劳动争议的，下列哪些处理是正确的？（　　）

A. 在支付加班费纠纷中，张某应当就是否存在加班事实承担举证责任

B. 上述支付加班费纠纷中，是否未按照规定标准支付加班费由甲公司负举证责任

C. 上述纠纷，双方分别向劳动合同履行地（A 区）和甲公司所在地（B 区）的劳动争议仲裁委员会申请仲裁，后受理的仲裁委应当将案件移送给先受理的仲裁委

D. 若甲公司未与张某订立劳动合同，张某索要每月第 2 倍工资与其发生争议，张某不受仲裁时效期间限制

考点 劳动争议的解决方式（举证责任、仲裁时效）

140. 魏某在甲公司就职，劳动合同于 2021 年 3 月到期，甲公司未与魏某签订新的书面劳动合同，魏某也未中断工作，而是继续上班。就该合同的处理，下列哪些选项是正确的？（　　）

A. 甲公司未与魏某签订新的书面劳动合同，魏某也未中断工作，应视为原劳动合同继续有效

B. 劳动合同到期后，用人单位应签订新的劳动合同，否则属于未与劳动者订立书面劳动合同的情形。故魏某有权自4月份开始请求支付2倍工资

C. 该劳动合同到期时，甲公司提出按照原合同续订1年但遭到魏某拒绝，甲公司也拒绝支付经济补偿金

D. 该劳动合同到期时，甲公司将魏某岗位调整到离其家很远的仓储部门，魏某拒绝续订，甲公司也拒绝支付经济补偿金

[考 点] 合同续订；合同解除的经济补偿

141. **2021年7月，因教育领域开展对校外学科培训的监管，甲公司面临经营困境，拖欠多名员工2021年7月的工资，多名员工向当地劳动仲裁委员会提出关于劳动报酬的仲裁。现就该仲裁裁决的后续处理，下列表述符合法律规定的是：(　　)**

A. 甲公司和员工分别向有管辖权的法院起诉的，由劳动合同履行地的基层人民法院管辖

B. 张某不服劳动仲裁机构作出的预先支付劳动报酬1000元的裁决，提起诉讼，法院应当受理

C. 劳动争议仲裁机构作出的调解书已经发生法律效力，一方当事人反悔提起诉讼的，法院不予受理

D. 部分劳动者对仲裁裁决不服，提起诉讼的，该仲裁裁决对所有劳动者均不发生法律效力

[考 点] 劳动争议的解决方式

答案及解析

128. [考 点] 企业内部规章制度

[答 案] BC

[解 析] 在制定、修改或者决定直接涉及劳动者切身利益的规章制度或者重大事项时，用人单位履行下列民主程序后，规章制度可以作为确定双方权利义务的依据：①通过民主程序制定；②不违反国家法律、行政法规及政策规定；③公示或者告知劳动者。(《劳动合同法》第4条第2、4款)

A选项错误。本题两项规章制度均没有履行民主程序制定，不能发生

法律效力。

D选项错误。由于甲公司绩效考核规定末等有10%比例限制，所以即使劳动者能胜任工作，也有可能排名末位。“末位≠不能胜任”，所以该公司解除合同违法。

129. 考点 对女职工的特殊保护

答案 BC

解析 A选项错误。根据《劳动法》第29条第3项和《劳动合同法》第42条第4项的规定，在女职工孕期、产期、哺乳期，单位不得对其预告解除劳动合同、经济性裁员。但单位可因劳动者过错而及时解除其劳动合同。

D选项错误。根据《劳动法》第61条的规定，不得安排怀孕7个月以上的女职工延长工作时间和夜班劳动，而非6个月。

130. 考点 工会的职权

答案 ACD

解析 B选项错误。工会成员有权担任企业劳动争议调解委员会的职工代表，而非企业代表。

E选项错误。建立了工会组织的用人单位单方解除劳动合同时，如果未事先通知工会，劳动者有权以用人单位违法解除劳动合同为由请求用人单位支付赔偿金。（《劳动争议解释（一）》第47条）所以，“未通知工会”并不会导致劳动合同解除无效。

131. 考点 劳动合同的特殊条款

答案 ACD

解析 A、C选项正确。根据《劳动合同法》第25条的规定，只有在下列两种情况中，劳动合同可以约定由劳动者承担违约金：①劳动者违反服务期约定的；②劳动者违反竞业限制约定的。所以A选项，该劳动合同条款无效，律师的意见正确；C选项，甲公司的处理正确，律师的意见正确。

B选项错误。《劳动合同法》第23条第1款规定，用人单位与劳动者可以在劳动合同中约定保守用人单位的商业秘密和与知识产权相关的保密事项。因为该条明确规定“在劳动合同中约定”，所以劳动者的保密义务是由合同约定的，而非法定义务。因此，B选项甲公司的劳动合同条款有效，律师的意见错误。

D 选项正确。“劳动者违反服务期约定的”，包括：①服务期内劳动者一方原因提出辞职；②劳动者因为“过错”被用人单位解除劳动合同。违反服务期约定的劳动者应当按照约定向用人单位支付违约金。故律师的意见正确。

132. 考点 劳动合同的特殊条款

答案 BD

解析 A 选项不当选。当用人单位出现未及时足额支付劳动报酬、未依法为劳动者缴纳社会保险费等情形，依据《劳动合同法》第 38 条的规定，劳动者有权解除劳动合同。即使尚处于服务期内，这仍是劳动者的法定解除权，不属于违反服务期的约定（《劳动合同法实施条例》第 26 条第 1 款）。所以，张某解除服务期合同，无需支付违约金。

B 选项当选。根据《劳动合同法》第 39 条第 2 项的规定，劳动者严重违反用人单位的规章制度的，用人单位享有法定解除权。此种情形下，劳动者未按照约定完成服务期的，即使是用人单位提出解除约定服务期的劳动合同的，劳动者仍要支出违约金。（《劳动合同法实施条例》第 26 条第 2 款第 1 项）

C 选项不当选。违约金不包括劳动者张某辞职给公司造成的损失，这属于间接损失，不包含在违约金范围内。违约金不得超过服务期尚未履行部分所应分摊的培训费用。培训费用，包括用人单位为了对劳动者进行专业技术培训而支付的有凭证的培训费用、培训期间的差旅费用以及因培训产生的用于该劳动者的其他直接费用。（《劳动合同法实施条例》第 16 条）

D 选项当选。劳动者提前辞职，属于违反服务期约定，应当按照约定向用人单位支付违约金。

133. 考点 劳动合同解除理由

答案 ABCD

解析 A 选项当选。依法缴纳社会保险是用人单位与劳动者的法定义务，即便是劳动者要求用人单位不为其缴纳社会保险，劳动者按照《劳动合同法》第 38 条的规定提出解除劳动合同并主张经济补偿的，仍应予支持。

B 选项当选。劳动者非因本人原因从原用人单位被安排到新用人单位工作，原用人单位已经向劳动者支付经济补偿的，新用人单位在依法解除、终止劳动合同计算支付经济补偿的工作年限时，不再计算劳动者在原用人单位的工作年限。(《劳动合同法实施条例》第10条)

C选项当选。劳动者严重违反用人单位的规章制度，用人单位可以解除劳动合同。根据《劳动合同法》第46条“经济补偿”的规定，该种过错性解除合同，用人单位无需支付经济补偿。

D选项当选。劳动合同终止时，用人单位“维持或者提高劳动合同约定条件续订劳动合同被拒绝”的，无需支付经济补偿金。(《劳动合同法》第46条第5项)

134. 考点 特殊劳动合同形式（**无固定期限劳动合同**）

答案 AD

解析 B选项错误。就该类公益性岗位，不适用无固定期限劳动合同的规则。

C选项错误，错在“协商”。在满足法定无固定期限劳动合同情况下，是否订立无固定期限劳动合同的决定权掌握在劳动者手中。参见《劳动合同法实施条例》第11条的规定：“除劳动者与用人单位协商一致的情形外，劳动者依照劳动合同法第14条第2款的规定，提出订立无固定期限劳动合同的，用人单位应当与其订立无固定期限劳动合同。……”

135. 考点 特殊劳动合同形式（**劳务派遣**）

答案 AD

解析 B选项不当选。在劳务派遣法律关系中，丙劳务派遣公司是用人单位，其和王某签订劳动合同。甲公司是用工单位，它和王某并无劳动合同关系，所以甲公司无权解除劳动合同。

C选项不当选。丙劳务派遣公司是用人单位，它给被派遣劳动者造成损害的，应当自行承担赔偿责任，因为“用工单位（甲公司）”无法约束用人单位（丙劳务派遣公司）的行为。不要混淆：用工单位给被派遣劳动者造成损害的，劳务派遣单位与用工单位承担连带赔偿责任（《劳动合同法》第92条第2款）。故D选项当选。

136. 考点 特殊劳动合同形式（**集体合同**）

答案 AB

解 析 C 选项错误。集体合同的效力是推定生效，即集体合同订立后，应当报送劳动行政部门；劳动行政部门自收到集体合同文本之日起 15 日内未提出异议的，集体合同即行生效。(《劳动合同法》第 54 条第 1 款)

D 选项错误。《劳动合同法》第 55 条规定："……用人单位与劳动者订立的劳动合同中劳动报酬和劳动条件等标准不得低于集体合同规定的标准。"这说明：单个劳动合同规定的劳动者的个人劳动条件和劳动标准不得低于集体合同的规定，否则无效。单个劳动合同约定不明时，适用集体合同的规定。所以，集体合同的效力高于劳动合同的效力。

137. 考 点 劳动争议的认定

答 案 ABC

解 析 D 选项不当选。赵某已经退休，和甲公司应当按劳务关系处理。(《劳动争议解释(一)》第 32 条第 1 款)

其他选项均参见《劳动争议解释(一)》第 1 条的规定。

138. 考 点 劳动争议的解决方式（小额纠纷）

答 案 BD

解 析 A 选项不当选。小额纠纷（本题 4000 元）的裁决属于"终局裁决"，同时对劳动者倾斜保护，即劳动者不服的，可以向基层人民法院提起诉讼。

B 选项当选。本题小额纠纷为"终局裁决"，用人单位不能向法院起诉也不能申请再次仲裁，但在具备法定情形时，用人单位可以向劳动争议仲裁委员会所在地的中级法院申请撤销裁决。(《劳动争议调解仲裁法》第 47、48 条，第 49 条第 1 款)

C 选项不当选。此种情况的处理是"法院应当裁定中止执行"。《劳动争议解释(一)》第 25 条第 1 款规定："劳动争议仲裁机构作出终局裁决，劳动者向人民法院申请执行，用人单位向劳动争议仲裁机构所在地的中级人民法院申请撤销的，人民法院应当裁定中止执行。"

D 选项当选。双方均不服小额纠纷裁决的，优先审理劳动者提出的诉讼。(《劳动争议解释(一)》第 21 条第 1 款)

139. 考 点 劳动争议的解决方式（举证责任、仲裁时效）

答 案 AB

解析 C选项错误。应当由劳动合同履行地的劳动争议仲裁委员会管辖。

D选项错误。“用人单位未与劳动者订立书面劳动合同的，应当向劳动者每月支付2倍的工资”，在学理上“第2倍工资”并不是“劳动报酬”，性质是用人单位的赔偿金，所以“第2倍工资”要遵守1年仲裁时效期间的限制。

140. 考点 合同续订；合同解除的经济补偿

答案 AC

解析《劳动争议解释（一）》第34条第1款规定：“劳动合同期满后，劳动者仍在原用人单位工作，原用人单位未表示异议的，视为双方同意以原条件继续履行劳动合同。一方提出终止劳动关系的，人民法院应予支持。”据此，A选项正确，B选项错误。

劳动合同终止时，用人单位“维持或者提高劳动合同约定条件续订劳动合同被拒绝”的，无需支付经济补偿金，但降低用工条件续订劳动合同又被劳动者拒绝的，用人单位应当支付经济补偿金。（《劳动合同法》第46条第5项）据此，C选项正确，D选项错误。

141. 考点 劳动争议的解决方式

答案 C

解析 A选项不当选。双方当事人就同一仲裁裁决分别向有管辖权的人民法院起诉的，后受理的人民法院应当将案件移送给先受理的人民法院。（《劳动争议解释（一）》第4条）（不要混淆：此题是指诉讼，不是劳动争议仲裁的管辖纠纷）

B选项不当选。因为预先支付劳动报酬、工伤医疗费、经济补偿或者赔偿金的仲裁裁决并非对该劳动争议的完整裁决，可以说是为了解决劳动者当前生活困境的临时措施，所以当事人不服上述预先支付裁决，依法提起诉讼的，人民法院不予受理（《劳动争议解释（一）》第10条第1款）。

D选项不当选。劳动争议仲裁机构对多个劳动者的劳动争议作出仲裁裁决后，部分劳动者对仲裁裁决不服，依法提起诉讼的，仲裁裁决对提起诉讼的劳动者不发生法律效力；对未提起诉讼的部分劳动者，发生法律效力。（《劳动争议解释（一）》第17条）

第16章 社会保障法

第48讲 社会保险法

142. 国家建立基本养老保险制度，目的是保障公民在年老时可以从国家和社会获得物质帮助。关于基本养老保险制度，依据我国《社会保险法》的规定，下列表述正确的是：（　　）

A. 用人单位可以按照国家规定的本单位职工工资总额的比例缴纳基本养老保险费，也可以按照当地职工平均工资缴纳基本养老保险费

B. 国有企业、事业单位职工参加基本养老保险前，视同缴费年限期间应当缴纳的基本养老保险费由政府承担

C. 个人跨统筹地区就业的，其基本养老保险关系随本人转移，达到法定退休年龄时，基本养老金分段计算、分别支付

D. 参加基本养老保险的个人，达到法定退休年龄时累计缴费满 15 年的，可一次性领取基本养老金

[考 点] 基本养老保险

143. 某日，甲公司员工王某下班回家途中被李某所骑电动车撞倒身亡，交警部门经调查认定李某负主要责任。王某亲属申请进行工伤认定时和该市人力资源和社会保障局发生纠纷。现就社会保险行政部门的下列处理意见，人民法院不予支持的是：（　　）

A. 甲公司和所有员工均签署自愿放弃社保声明书，甲公司可据该协议不承担工伤保险责任

B. 社会保险行政部门以王某亲属已经对李某提起民事诉讼为由，作出不予受理工伤认定申请的决定

C. 李某家境窘迫，无力支付人身损害赔偿时，工伤保险基金先行支付工伤医疗费用后，有权向李某追偿

D. 社会保险经办机构主张承担补充赔偿责任，就李某不足赔偿部分以工伤保险基金支付工伤保险待遇

[考点] 基本工伤保险

144. 关于失业人员领取失业保险金的表述，下列选项符合《社会保险法》规定的是：(　　)

A. 失业前用人单位和本人已经缴纳失业保险费满 1 年的，才有资格领取失业金

B. 宋某被企业裁员后如未进行求职登记的，不得领取失业保险金

C. 若职工张某因为严重违规被用人单位开除，不得领取失业保险金

D. 失业人员从失业保险基金中领取失业保险金，同时应当缴纳基本医疗保险费

E. 失业人员享受基本养老保险待遇的，停止享受失业保险待遇

[考点] 基本失业保险

第49讲 军人保险法

145. 关于军人退役医疗保险制度，下列哪些说法是正确的？(　　)

A. 所有参加军人退役医疗保险的军官、士官和义务兵应当缴纳军人退役医疗保险费，国家按照个人缴纳的军人退役医疗保险费的同等数额给予补助

B. 军人退出现役后参加职工基本医疗保险的，由退役军人和地方社会保险经办机构办理相应的转移接续手续

C. 军人服现役年限与入伍前和退出现役后参加职工基本医疗保险的缴费年限合并计算

D. 军人有权查询、核对退役医疗保险的个人缴费记录和个人权益记录

[考点] 军人保险（退役医疗保险）

答案及解析

142. [考点] 基本养老保险

[答案] B

解析 A选项错误。《社会保险法》第12条第1款规定："用人单位应当按照国家规定的本单位职工工资总额的比例缴纳基本养老保险费，记入基本养老保险统筹基金。"所以A选项错在"也可以按照当地职工平均工资缴纳基本养老保险费"。

C选项，错误为"分别支付"。我国基本养老金是"分段计算、统一支付"。参见《社会保险法》第19条的规定："个人跨统筹地区就业的，其基本养老保险关系随本人转移，缴费年限累计计算。个人达到法定退休年龄时，基本养老金分段计算、统一支付。具体办法由国务院规定。"

D选项错误。并非"一次性领取"，应当是"按月领取"（《社会保险法》第16条第1款）。

143. 考点 基本工伤保险

答案 ABD

解析 A选项当选。用人单位和劳动者必须依法参加社会保险，缴纳社会保险费。（《劳动法》第72条）所以，签署的"自愿放弃社保声明书"是无效协议。

B选项当选。由于第三人的原因造成工伤，社会保险行政部门以职工或者其近亲属已经对第三人提起民事诉讼或者获得民事赔偿为由，作出不予受理工伤认定申请或者不予认定工伤决定的，人民法院不予支持。

C选项不当选。由于第三人的原因造成工伤，第三人不支付工伤医疗费用或者无法确定第三人的，由工伤保险基金先行支付。工伤保险基金先行支付后，有权向第三人追偿。（《社会保险法》第42条）

D选项当选，错误是"承担补充赔偿责任"。只要依法作出工伤认定，社会保险经办机构就应当支付工伤保险待遇，这和第三人是否支付民事赔偿没有关系。（注意：工伤医疗费用由第三人承担，社会保险经办机构不承担）

144. 考点 基本失业保险

答案 ABE

解析 A、B选项当选。《社会保险法》第45条规定："失业人员符合下列条件的，从失业保险基金中领取失业保险金：①失业前用人单位和本人已经缴纳失业保险费满1年的；②非因本人意愿中断就业的；③已经进行失业登记，并有求职要求的。”

C 选项不当选。张某被开除，也属于“非因本人意愿中断就业”，所以“开除”不能成为阻止张某领取失业金的理由。

D 选项不当选。失业人员应当缴纳的基本医疗保险费从失业保险基金中支付，个人不缴纳基本医疗保险费。(《社会保险法》第 48 条第 2 款)

E 选项当选。根据《社会保险法》第 51 条第 4 项的规定，失业人员在领取失业保险金期间，享受基本养老保险待遇的，停止领取失业保险金，并同时停止享受其他失业保险待遇。

145. 考点 军人保险（退役医疗保险）

答案 CD

解析 A 选项错误。义务兵和供给制学员不缴纳军人退役医疗保险费，国家按照规定的标准给予军人退役医疗保险补助。(《军人保险法》第 20 条第 2 款)

B 选项错误。不是由“军人”自己办理，而是由军队后勤（联勤）机关财务部门和地方社会保险经办机构办理相应的转移接续手续（《军人保险法》第 23 条第 1 款）。

第17章 环境保护法律制度

第50讲 环境影响评价法

146. 千丈岩水库位于A省，是A省的一级饮用水水源保护区。甲选矿厂位于相邻的B省，但距千丈岩水库直线距离仅约2.6公里。该地区属喀斯特地貌的山区，地下裂缝纵横，暗河较多。甲选矿厂的环境影响评价报告书仅考虑对本省环境的影响，未涉及千丈岩水库。现甲选矿厂试运行期间产生的废水、尾矿未经处理就排入邻近有溶洞漏斗发育的自然洼地，导致千丈岩水库饮用水源被污染。就甲选矿厂的环境影响评价，下列说法正确的是：(   )

A. 若A省和B省对甲选矿厂建设项目的环境影响评价结论提出异议，应当交由国务院生态环境主管部门审批

B. 因造成水库重大污染，甲选矿厂应当重新对项目进行环境影响评价并履行法定审批手续

C. 因造成水库重大污染，甲选矿厂的环境影响评价文件应当报原审批部门重新审核

D. 因甲选矿厂建设项目运行过程中造成水库重大污染，原环境影响评价文件审批部门可以责成甲选矿厂进行环境影响的后评价，采取改进措施

[考 点] 环境影响评价（后评价、再评价）

147. 甲省A市政府决定在海沧区兴建计划年产80万吨对二甲苯（PX）的化工厂，该化工厂分为六期规划完成。该项目厂址距A市中心不足10公里，生产的剧毒化工产品有可能会威胁当地人民群众的健康。就该建设项目的环境影响评价问题，下列判断符合《环境影响评价法》的是：(   )

A. 化工厂应当编制环境影响报告书，对产生的环境影响进行专项评价

B. 该化工厂作为一项整体建设项目已经进行了环境影响评价，还应当对6期规划进行环境影响评价

C. 化工厂应当在编制环境影响评价文件时即向相关公众说明情况并充分征求意见

D. 当地环保主管部门应当为化工厂指定编制建设项目环境影响报告书的技术单位

考点 环境影响评价

第51讲 环境保护法

148. **根据《环境保护法》的规定，下列判断不符合法律规定的是：（ ）**

A. 省级人民政府环境保护主管部门对国家环境质量标准中未作规定的项目，可以制定地方环境质量标准

B. 地方污染物排放标准应当报国务院环境保护主管部门备案

C. 对国家污染物排放标准中未作规定的项目可以制定地方污染物排放标准，当国家标准制定出来后该地方标准应当废止

D. 国家重点污染物排放总量控制指标由国务院生态环境部下达，省级环保部门分解落实

考点 环境保护制度（环境标准）

149. **对超过国家重点污染物排放总量控制指标的地区或者企业，采取的下列哪项措施符合法律的规定？（ ）**

A. 若该地区超过国家重点污染物排放总量控制指标，省级以上人民政府环境保护主管部门应当减缓审批其新增重点污染物排放总量的建设项目环境影响评价文件

B. 若该地区超过国家重点污染物排放总量控制指标，省级以上人民政府应当暂停审批其新增重点污染物排放总量的建设项目环境影响评价文件

C. 若甲企业超过重点污染物排放总量控制指标排放污染物，该县环境保护主管部门可以对其采取停产整治措施

D. 上述甲企业的行为情节严重的，该县环境保护主管部门有权责令其停业、关闭

考点 环境保护制度（重点污染物排放总量控制）

150. 华润置地公司开发建设的万象城购物中心与李某住宅相隔一条公路，之间无其他遮挡物。在正对李某住宅的万象城购物中心外墙上安装有一块面积为 160m^2 的 LED 显示屏，每天播放宣传资料及视频广告等，其产生强光直射入住宅房间，光线极强还频繁闪动，给李某的正常生活造成影响。对此，下列说法正确的是：（　　）

A. 华润置地公司应当就其 LED 播放视频行为与李某损害之间不存在因果关系承担举证责任

B. 根据日常生活经验法则，华润置地公司使用 LED 显示屏所产生的强光超出了一般公众普遍可容忍的范围，其行为已构成污染环境

C. 我国尚无光污染相应的标准，本案无法用精确的计量来反映损害后果，华润置地公司可主张不承担侵权责任

D. 李某要求华润置地公司承担停止侵害、排除妨碍民事责任的诉讼时效期间为 3 年

[考点] 环境侵权民事责任

151. 甲化工厂向周围一条小河排放废液，造成河流附近农户的稻田减产。经环保局调查，发现甲化工厂擅自拆除防治污染设施是事故的主要原因。下列处理符合法律规定的是：（　　）

A. 环保局决定对甲化工厂拆除防污设施处罚款 1 万元，甲化工厂对该决定不服的，可以直接向法院提起行政诉讼

B. 环保局责令甲化工厂赔偿农户损失 5 万元，甲化工厂不服的，可以提起行政复议或者以环保局为被告提起行政诉讼

C. 环保局对侵权的处理决定是双方当事人向法院起诉的前提条件

D. 若农户对甲化工厂提起诉讼，甲化工厂要负全部的举证责任

[考点] 环境侵权民事责任

152. 关于《环境保护法》的“按日连续处罚制度”，下列说法正确的是：（　　）

A. 企业违法排放污染物，受到罚款处罚，被责令改正拒不改正的，依法作出处罚决定的行政机关可以自责令改正之日的次日起，按照原处罚数额按日连续处罚

B. 罚款金额依照有关法律法规按照防治污染设施的运行成本、违法行为造成的直接损失或者违法所得等因素确定的规定执行

C. 累积的罚款金额无上限

D. 地方性法规可以根据环境保护的实际需要，增加按日连续处罚的违法行为的种类

[考点] 环境侵权行政责任（按日处罚规则）

第52讲 森林法与矿产资源法

153. 国家对公益林和商品林实行分类经营管理。关于我国公益林保护制度，下列哪一表述是正确的？（ ）

A. 国家只将森林生态区位重要的林地和林地上的森林划分为公益林

B. 荒漠化和水土流失严重地区的防风固沙林基干林带，应当划定为公益林

C. 以生产工业原料和药材等林产品为主要目的的森林应当划入公益林

D. 公益林的主要目的是发挥生态效益，禁止利用公益林林地资源和森林景观资源开展森林旅游项目

[考点] 公益林的保护

154. 根据《森林法》关于国家加强保护森林资源的措施，下列哪一说法是正确的？（ ）

A. 国家指令受益地区和森林生态保护地区政府通过协商等方式进行生态效益补偿

B. 安排财政资金用于商品林的营造、抚育、保护、管理和经济补偿等用途

C. 临时使用林地有期限限制，并不得在临时使用的林地上修建永久性建筑物

D. 临时使用林地期满后2年内，用地单位或者个人应当恢复植被和林业生产条件

[考点] 森林保护措施

155. 就我国矿产资源的权属制度，下列哪些说法是正确的？（ ）

A. 矿产资源属于国家所有，由法律规定属于集体所有的除外

B. 地表矿产资源的国家所有权随其所依附的土地所有权不同而改变

C. 矿业权包括探矿权、采矿权，属于用益物权可以依法转让

D. 国家实行探矿权、采矿权有偿取得的制度，必须依法分别申请，经批准取得探矿权、采矿权，并办理登记

[考点] 矿产资源的权属制度

答案及解析

146. [考点] 环境影响评价（后评价、再评价）

[答案] AB

[解析] A 选项正确。甲选矿厂这一建设项目可能造成对相邻 A 省的不良环境影响，有关生态环境主管部门对该项目的环境影响评价结论有争议的，其环境影响评价文件由共同的上一级生态环境主管部门审批。（《环境影响评价法》第 23 条第 3 款）

B 选项正确。甲选矿厂的环境影响评价文件经批准后，发现该建设项目在可行性论证时没有考虑到特殊地形以及邻省水库，也就是防止生态破坏的措施将发生重大变动，此时，建设单位应当重新报批建设项目的环境影响评价文件。（《环境影响评价法》第 24 条第 1 款）

C 选项，错误是“重新审核”。正确做法是“重新报批”。不要混淆：“重新审核”，是指“建设项目的环境影响评价文件自批准之日起超过 5 年，方决定该项目开工建设的，其环境影响评价文件应当报原审批部门重新审核”（《环境影响评价法》第 24 条第 2 款）。

D 选项，错误是“后评价”。不要混淆：“后评价”，是指“在项目建设、运行过程中产生不符合经审批的环境影响评价文件的情形的，建设单位应当组织环境影响的后评价，采取改进措施……”（《环境影响评价法》第 27 条）。而本案并非是在甲选矿厂运行过程中新发生的情况，而是甲选矿厂在设计施工时没有考虑到生态保护问题，所以对甲选矿厂环境影响应该是“重新评价”，而不是采取补救措施的“后评价”。

147. [考点] 环境影响评价

[答案] C

[解析] A 选项不当选，错误是“专项评价”。对可能造成重大环境影响的建设项目，应当编制“环境影响报告书”，对产生的环境影响进行全面评价。（《环境影响评价法》第 16 条第 2 款第 1 项）

B 选项不当选。本题对化工厂建设项目已进行了环评，而六期规划属于该建设项目包含的规划，则对该规划不再进行环境影响评价。（《环境影响评价法》第18条第2款规定："作为一项整体建设项目的规划，按照建设项目进行环境影响评价，不进行规划的环境影响评价。"）

D选项不当选，错误是"指定技术单位"。接受委托为建设单位编制建设项目环境影响报告书、环境影响报告表的技术单位，不得与负责审批建设项目环境影响报告书、环境影响报告表的生态环境主管部门或者其他有关审批部门存在任何利益关系。（《环境影响评价法》第19条第4款）

148. 考点 环境保护制度（环境标准）

答案 ACD

解析 A选项当选，错在"省级人民政府环境保护主管部门"，地方环境质量标准是由"省级人民政府"制定（《环境保护法》第15条第2款）。

C选项当选。省、自治区、直辖市人民政府对国家污染物排放标准中未作规定的项目，可以制定地方污染物排放标准；对国家污染物排放标准中已作规定的项目，可以制定严于国家污染物排放标准的地方污染物排放标准。（《环境保护法》第16条第2款）

D选项当选，应当"由国务院下达"（《环境保护法》第44条第1款），而非"由国务院生态环境部下达"。

149. 考点 环境保护制度（重点污染物排放总量控制）

答案 C

解析 A选项不当选，错在"减缓审批"，正确处理为"暂停审批"（《环境保护法》第44条第2款）。

B选项不当选，错在审批主体，不应当是"省级以上人民政府"，正确的审批主体为"省级以上人民政府环境保护主管部门"（《环境保护法》第44条第2款）。

C、D选项均考查环保主管部门的审批权限：①"责令停业、关闭"需要"报经有批准权的人民政府批准"，故D选项不当选；②但是，环保主管部门可以责令其"采取限制生产、停产整治等措施"，故C选项当选。（《环境保护法》第60条）

150. 考点 环境侵权民事责任

答案 AB

解析 本题改编自指导案例 128 号“李劲诉华润置地（重庆）有限公司环境污染责任纠纷案”。

A 选项正确。因污染环境，行为人应当就其行为与损害之间不存在因果关系承担举证责任。

B 选项正确。由于光污染对人身的伤害具有潜在性、隐蔽性和个体差异性等特点，人民法院认定光污染损害，应当依据国家标准、地方标准、行业标准，是否干扰他人正常生活、工作和学习，以及是否超出公众可容忍度等进行综合认定。对于公众可容忍度，可以根据周边居民的反应情况、现场的实际感受及专家意见等判断。(指导案例 128 号裁判要点)

C 选项错误。由于环境侵权是通过环境这一媒介侵害到一定地区不特定的多数人的人身、财产权益，而且一旦出现可用计量方法反映的损害，其后果往往已无法弥补和消除。因此在环境侵权中，侵权行为人实施了污染环境的行为，即使还未出现可计量的损害后果，即应承担相应的侵权责任。(指导案例 128 号裁判理由)

D 选项错误。被侵权人请求污染者停止侵害、排除妨碍、消除危险的，不受 3 年诉讼时效期间的限制。

151. 考点 环境侵权民事责任

答案 A

解析 A 选项当选。“罚款”是行政责任，所以甲化工厂对该决定不服的，可以直接向法院提起行政诉讼。

B 选项不当选。“环保局责令甲化工厂赔偿农户损失 5 万元”，甲化工厂对此不服引发的纠纷是“环境民事侵权纠纷”，应当以对方当事人为被告提起民事诉讼。

D 选项不当选，错在“负全部举证责任”。原告仍需提供被告侵权的基本事实。

152. 考点 环境侵权行政责任（按日处罚规则）

答案 ABCD

解析 A、B、C、D 选项均正确。参见《环境保护法》第 59 条的规定：“企业事业单位和其他生产经营者违法排放污染物，受到罚款处罚，被责令改正，拒不改正的，依法作出处罚决定的行政机关可以自责令改正之日的次日起，按照原处罚数额按日连续处罚。前款规定的罚款处罚，依照有关法律法规按照防治污染设施的运行成本、违法行为造成的直接损失或者违法所得等因素确定的规定执行。地方性法规可以根据环境保护的实际需要，增加第1款规定的按日连续处罚的违法行为的种类。”故这四个选项均符合“按日连续处罚”制度的规定。

153. 考点 公益林的保护

答案 B

解析 A选项错误。国家将“森林生态区位重要”或者“生态状况脆弱”，以发挥生态效益为主要目的的林地和林地上的森林划定为公益林。未划定为公益林的林地和林地上的森林属于商品林。

C选项错误。应当划为商品林。

D选项错误。在符合公益林生态区位保护要求和不影响公益林生态功能的前提下，经科学论证，可以合理利用公益林林地资源和森林景观资源，适度开展林下经济、森林旅游等。(《森林法》第49条第3款)

154. 考点 森林保护措施

答案 C

解析 A选项错误，错在“指令”，应当为“指导”。《森林法》第7条规定：“国家建立森林生态效益补偿制度，加大公益林保护支持力度，完善重点生态功能区转移支付政策，指导受益地区和森林生态保护地区人民政府通过协商等方式进行生态效益补偿。”

B选项错误，财政资金并非用于“商品林”，而是用于“公益林”。《森林法》第29条规定：“中央和地方财政分别安排资金，用于公益林的营造、抚育、保护、管理和非国有公益林权利人的经济补偿等，实行专款专用。具体办法由国务院财政部门会同林业主管部门制定。”

C选项正确；D选项错误，错在“2年”，应当是“期满后1年”。《森林法》第38条规定：“需要临时使用林地的，应当经县级以上人民政府林业主管部门批准；临时使用林地的期限一般不超过2年，并不得在临时使用的林地上修建永久性建筑物。临时使用林地期满后1年内，用地单位或者个人应当恢复植被和林业生产条件。”

155. 考点 矿产资源的权属制度

答案 CD

解析 A、B选项错误。矿产资源属于国家所有，没有集体所有的情形，并且地表或者地下的矿产资源的国家所有权，不因其所依附的土地的所有权或者使用权的不同而改变。(《矿产资源法》第3条第1款)

第18章 著作权法

第53讲 著作权法律规则

156. A国与中国同属《保护文学艺术作品伯尔尼公约》成员国。居住在A国的我国公民甲创作一部英文小说《战神》，居住在A国的无国籍人乙创作小说《夜色》。《战神》被A国某电影公司拍摄为电影，但因影片暴力血腥未通过我国有关部门审批，不能在中国境内上映。下列哪些说法是错误的？（ ）

A. 甲的小说《战神》无需在我国出版即可受我国著作权法保护

B. 电影《战神》被禁止在我国出版和传播，故不受我国著作权法的保护

C. 乙的小说《夜色》必须在我国首次出版才能受我国著作权法保护

D. 乙的小说《夜色》必须在我国与A国同时出版才能受我国著作权法的保护

考点 取得著作权的条件

157. 关于图书侵权诉讼，律师的下列说法符合《著作权法》规定的有哪些？（ ）

A. 江某出版的小说《少年》，主角均使用金庸武侠小说中知名角色的名字，但仅使用了角色人物简单的性格特征和角色人物之间简单的关系，该小说既构成不正当竞争又侵犯了金庸原作的著作权

B. 李某的长篇小说《天苍茫》与张某的短篇小说《最后的骑兵》均以最后一支骑兵连为主线，均为军旅题材，整体线索脉络雷同，后者构成侵权

C. 甲出版社出版沈某的小说，因编辑原因存在严重编校质量问题，出版社构成侵权

D. 张某采取变更句式、词汇、结构等方法将李某采编的“A 县扶贫攻坚成果”稿件转换成自己的作品，张某构成侵权

[考点] 合理使用

158. 未经权利人许可的情况下使用他人作品，根据《著作权法》的规定，下列哪些行为构成侵权？（ ）

A. 某省卫视制作的真人秀节目，节目中选手以“葫芦娃”卡通形象载歌载舞

B. 翔叔制作了一个 5 分钟的短视频并上传到“× 音”平台，批评电影《无聊的平方》缺乏逻辑性，在视频中引用了电影的主要片段并进行犀利的语言点评

C. 视频“剪刀手”向小甲选取热门电影的视频截图，快速串讲电影情节形成“× 分钟品味一部好电影”的视频，并上传到各视频平台

D. B 网络平台上传播用户高小云上传的热播电影《我的妈妈》完整版视频

E. 乙电影公司为宣传新电影《80 年代的独立宣言》制作的海报中，使用了 80 年代童年记忆中的“黑猫警长”卡通形象作为背景

[考点] 著作权侵权行为；合理使用

第54讲 与著作权有关的权利（邻接权）

159. 鄢某创作《萱草》词曲并发表，向某在个人举办的赈灾义演中演唱该歌曲，厚厚唱片公司录制并发行该演唱会唱片，双翔电台购买该唱片并在“晚 8 点音乐汇”栏目播放，小栗购买正版唱片用于出租。下列哪些说法是正确的？（ ）

A. 向某演唱该歌曲应征得鄢某同意并支付报酬

B. 小栗出租唱片要经过鄢某同意并支付报酬

C. 小栗出租唱片要经过向某同意并支付报酬

D. 小栗出租唱片要经过厚厚唱片公司同意并支付报酬

E. 双翔电台播放该歌曲要向厚厚唱片公司支付报酬

[考点] 合理使用；邻接权

160. 甲创作了一首歌曲《黑玫瑰》，乙唱片公司在聘请歌星丙演唱了这首歌曲后，制作成录音制品。关于未经许可但支付了报酬的行为，下列选项正确

的是：(　　)

A. 某唱片公司未经许可自聘歌手在录音棚中演唱了《黑玫瑰》并制作成唱片销售，构成侵权

B. 张某在网络直播平台开设的直播间演唱了一段《黑玫瑰》，侵犯了甲的表演权

C. 某电影公司为烘托一部电影的情节，截取该录音制品中 30 秒的声音，构成侵权

D. 某音乐电台购买正版的该歌曲 CD 唱片在“观众点歌台”节目中播放，不构成侵权

考点 著作权的内容；侵权行为的认定

161. **甲电视台获得了 2021 年奥运会排球比赛决赛 A 队和 B 队的现场直播权。乙电视台未经许可将甲电视台播放的比赛实况予以转播，丙电视台未经许可将乙电视台转播的实况比赛录制在音像载体上以备将来播放，丁某未经许可将丙电视台录制的该节目复制了一份供其儿子观看。据此，下列哪些说法是正确的？**(　　)

A. 乙电视台侵犯了 A 队和 B 队的表演者权

B. 乙电视台侵犯了奥运会主办方的广播组织权

C. 丙电视台的录制行为侵犯了甲电视台的权利

D. 丁某的行为没有侵犯甲电视台的权利

考点 邻接权（播放者的权利）

162. **甲影视公司是电影《萱草》的制作者，将该电影的信息网络传播权转让给“奇酷”网站，奇酷网采取会员付费点播的商业模式，并采取技术措施防范用户免费播放或下载该影片。“银山”网站开发出专门规避奇酷网的视频浏览器软件，只要是利用该视频浏览软件，网民可免费下载该影片。高某利用银山软件免费下载了《萱草》供自己欣赏。对此，下列哪些说法是正确的？**(　　)

A. 甲公司是影片的著作权人

B. 银山网站的行为侵犯了著作权

C. 高某的行为侵犯了著作权

D. 奇酷网站可不经甲公司同意以自己名义起诉侵权行为人

考点 故意避开或者破坏技术措施

答案及解析

156. [考 点] 取得著作权的条件

[答 案] BCD

[解 析] A 选项正确，不当选。题干表明“我国公民甲”，因此，就中国公民的作品，不论是否发表或出版，只要“创作完成”即可享有著作权。

B 选项错误，当选。该电影属于“具有独创性并能以一定形式表现的智力成果”，则属于“作品”，受我国《著作权法》保护，但是“国家对作品的出版、传播依法进行监督管理”。(《著作权法》第 3、4 条)

C、D 选项当选，均错在“必须……”。满足下列条件之一的，均可享有著作权：①根据作者所属国或者经常居住地国同中国签订的协议或者共同参加的国际条约享有著作权；②首先在中国境内出版；③首次在中国参加的国际条约的成员国出版；④在成员国和非成员国同时出版。

157. [考 点] 合理使用

[答 案] ACD

[解 析] A 选项当选。第一，《少年》的主角均使用金庸先生作品的人物名字，借助金庸作品的影响力，以营利为目的多次出版发行的行为，构成不正当竞争行为。(此点无异议) 第二，“同人作品”是否构成侵犯著作权，该案一审和二审有不同意见。该案一审法院认为：“二者都是独立作品，虽然人物名字雷同，‘同人作品’和原作品仅存抽象的‘形式相似性’，但作品的表达系独立完成并且具有创造性，二者没有达到‘实质性相似’，不构成侵犯著作权。”但 2023 年 5 月，该案二审法院指出：“虽然就单个人物形象来说，难以都认定获得了充分而独特的描述，但整体而言，郭靖、黄蓉、乔峰、令狐冲等 60 多个人物组成的人物群像，无论是在角色的名称、性格特征、人物关系、人物背景都体现了金庸的选择、安排，可以认定为已经充分描述、足够具体到形成一个内部各元素存在强烈逻辑联系的结构，属于《著作权法》保护的‘表达’。”也就是将“人物群像”作为《著作权法》保护的要素，赋予了文学角色以版权。依据本案的二审意见，该案构成著作权侵权。

B选项不当选。《著作权法》保护作品的表达，不保护作品所包含的思想或主题。不同作者就同一题材创作的作品，只要作品的表达系独立完成并且具有创造性，应当认定作者各自享有独立的著作权。所以，二者均是独立作品，仅整体线索脉络雷同，不构成侵权。

C选项当选。严重的编校问题降低了作品的质量，侵犯了保护作品完整，保护作品不受歪曲、篡改的权利。

D选项当选。此为“洗稿作品”，即更换一定的表达方式（如更换句式、词汇、结构）将他人新闻作品的事实和观点，变成自己的作品，后一文稿不具有“独创性”，构成侵权。

158. 考点 著作权侵权行为；合理使用

答案 ACD

解析 A选项当选。“葫芦娃”卡通形象属于“美术作品”，未经许可使用，构成侵权。

B选项不当选，构成合理使用。翔叔的评论视频展示了自己的独立观点，是“为介绍、评论某一作品或者说明某一问题”，因此翔叔二次创作的视频具有独立性，形成“作品”，此种情形下适当引用他人已经发表的作品，可以不经著作权人许可，不向其支付报酬。(《著作权法》第24条第1款第2项)

C选项当选。仅仅是单纯通过视频剪辑形成的新视频，难以符合“独创性”而形成“独立作品”，这不符合“合理使用”中“为介绍、评论某一作品或者说明某一问题，在作品中适当引用……”，是侵权行为。

D选项当选，构成共同侵权。因为是热门电影并且是完整视频，网络服务平台“应当知道”网络用户侵害权利人的权益，二者承担连带责任。(《民法典》第1197条规定：“网络服务提供者知道或者应当知道网络用户利用其网络服务侵害他人民事权益，未采取必要措施的，与该网络用户承担连带责任。”)

E选项不当选。电影海报使用卡通形象，并非单纯再现美术作品的艺术美感，而是利用“黑猫警长”卡通形象反映特定时代年龄特征。该电影海报已经构成独立作品，“卡通形象”的目的是“为介绍、评论某一作品或者说明某一问题……”，构成合理使用，不是侵权。

159. 考点 合理使用；邻接权

答案 ACDE

解析 A选项，本题要区分“免费表演”和“义演”。前者是指“未向公众收取费用，也未向表演者支付报酬”，此种情况符合“合理使用”（《著作权法》第24条第1款第9项）；但“义演”需向观众收取费用，所以赈灾义演不构成“合理使用”。本题向某在赈灾义演中，公开表演《萱草》，应经著作权人同意并支付报酬。故A选项正确。

B选项错误。著作权人（鄢某）仅对视听作品、计算机软件享有出租权（《著作权法》第10条第1款第7项），“录音制品（唱片）”不属于上述两种类型。所以“出租唱片”无需经过鄢某同意。

C选项正确。表演者（向某）对其表演享有许可他人复制、发行、出租录有其表演的录音录像制品，并获得报酬的权利。(《著作权法》第39条第1款第5项)

D选项正确。录音录像制作者（厚厚唱片公司）对其制作的录音录像制品，享有许可他人复制、发行、出租、通过信息网络向公众传播并获得报酬的权利。(《著作权法》第44条第1款)（补充：《著作权法》第44条第2款规定，被许可人复制、发行、通过信息网络向公众传播录音录像制品，应当同时取得著作权人、表演者许可，并支付报酬；被许可人出租录音录像制品，还应当取得表演者许可，并支付报酬）

E选项正确。《著作权法》第45条规定：“将录音制品用于有线或者无线公开传播，或者通过传送声音的技术设备向公众公开播送的，应当向录音制作者支付报酬。”

160. 考点 著作权的内容；侵权行为的认定

答案 CD

解析 A选项错误。《著作权法》第42条第2款规定：“录音制作者使用他人已经合法录制为录音制品的音乐作品制作录音制品，可以不经著作权人许可，但应当按照规定支付报酬；著作权人声明不许使用的不得使用。”某唱片公司已经支付报酬，不构成侵权。

B选项错误。直播间未经授权的演唱，的确构成侵权，但其性质为侵犯信息网络传播权。B选项错在“侵犯了甲的表演权”。表演权，即公开表演作品，以及用各种手段公开播送作品的表演的权利。通说认为，网络直播间并非“公开表演”。

C 选项正确。录音制品构成电影的背景音乐，侵犯了“机械表演权”。

D 选项正确。《著作权法》第 45 条规定：“将录音制品用于有线或者无线公开传播，或者通过传送声音的技术设备向公众公开播送的，应当向录音制作者支付报酬。”D 选项某音乐电台已经支付了报酬，是合法行为。

161. 考点 邻接权（播放者的权利）

答案 CD

解析 A 选项错误。表演者，包括演员、演出单位或者其他表演文学、艺术作品的人。依据这一概念，“运动员”不属于“表演者”，并不是按照既定剧本进行比赛。

B 选项错误。“体育赛事”难以认定为“作品”，“主办方”并不享有《著作权法》规定的著作权或者邻接权，因为其身份难以符合“作者”的要求，赛事主办方不能形成“广播电视信号”，《著作权法》中也无“广播组织权”这一权利类型。

C 选项正确。广播电台、电视台有权禁止未经其许可将其播放的广播、电视转播、录制、复制、通过信息网络向公众传播。（《著作权法》第 47 条第 1 款）

D 选项正确。丁符合“为个人学习、研究或者欣赏，使用他人已经发表的作品”，构成合理使用，可以不经著作权人许可，不向其支付报酬。（《著作权法》第 24 条第 1 款第 1 项）

162. 考点 故意避开或者破坏技术措施

答案 ABCD

解析 A 选项正确。视听作品中的电影作品、电视剧作品的著作权由制作者享有。（《著作权法》第 17 条第 1 款）

B 选项正确。银山网站构成“故意避开或者破坏技术措施”。针对权利人为保护著作权采取的技术措施，《著作权法》仅规定少数情形可避开（例如，为学校课堂教学或者科学研究；国家机关执行公务；加密研究等）。（《著作权法》第 49 条第 2 款、第 50 条第 1 款）银山网站“开发专门规避奇酷网站技术防范软件”，不属于上述情形，构成“故意破坏技术措施”的侵权行为。

C 选项正确。高某虽然是“供个人欣赏”，但他采取的手段是利用银山公司的非法软件，即“故意避开奇酷网的技术措施”，高某构成侵权。

D 选项正确。题干所给信息是“转让”，就信息网络传播而言，奇酷网享有独立的权能，无须经过甲同意，即可以原告身份起诉。

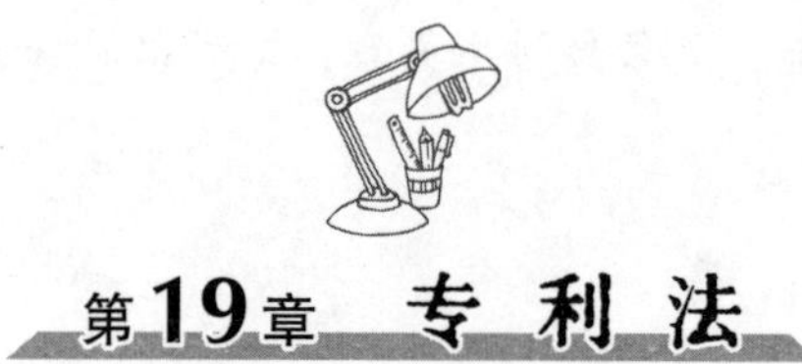

第19章 专 利 法

第55讲 专利法概述（申请、专利期限、专利权无效、专利实施的特别许可）

163. 下列专利申请中，有可能获得专利权的有哪些？（　　）

A. 某动植物研究所研究出一种新的热带植物品种的人工培养方法，向专利局提出专利申请

B. 某心血管专科医院总结出一套有效诊断动脉硬化疾病的方法，向专利局提出专利申请

C. 某血液疾病研究所总结研究出一种从人体抽取血液后进行血型化验的简便方法，向专利局提出专利申请

D. 李某2018年8月16日向专利局提出一项发明专利申请，该技术曾于2017年12月5日在某学会专业学报上发表过

[考 点] 专利权的客体

164. M公司是一家在中国没有营业场所的S国企业，其一项技术方案希望获得中国专利法的保护，下列哪一项判断是正确的？（　　）

A. 若S国同中国有签订的协议或者共同参加的国际条约，M公司的专利可直接获得我国专利法保护

B. 若S国同中国有相互承认优先权的协议，M公司在中国就相同主题提出专利申请的，可享有优先权

C. M公司可以委托专利代理机构申请，也可直接自行办理专利申请事宜

D. 若M公司获得专利申请权，有权就同一技术方案同时申请发明专利和实用新型专利

[考 点] 知识产权的国际保护；专利申请的原则

165. Y国乙制药集团享有B药的专利权，该项专利权将于2022年到期。中国某市甲制药公司研发新药A，现向国务院专利行政部门申请专利，并向国务院药品监督管理部门申请药品上市审批。在药品上市审评审批过程中，乙公司认为A药的技术方案落入B药专利权保护范围，乙公司请求暂停批准A药上市。同时，乙公司发现中国丙公司于2020年制造B专利药品。关于上述药品涉及专利权的纠纷，下列哪些判断是正确的？（　　）

A. 甲公司A药尚在申请上市许可审批过程中，其和乙公司的专利侵权纠纷不能向法院起诉，应当向国务院专利行政部门请求行政裁决

B. 如果A药在中国获得上市许可，甲公司可请求依法延长专利权期限，以补偿新药上市审评审批占用的时间

C. 如果丙公司是为提供行政审批所需要的信息，未经乙公司的同意而制造B药的，不构成侵权

D. 如果为了公共健康目的，丙公司应当证明其以合理的条件请求乙公司许可其实施专利未获许可后，国务院专利行政部门才授予其制造B药的强制许可

考点 药品专利侵权纠纷早期解决机制；药品强制许可

第56讲 专利权的保护（侵权认定与侵权诉讼）

166. 郑某是一项新型建筑材料制造方法的专利权人。下列案件中，郑某的诉讼请求可以得到法院支持的是：（　　）

A. 张某为了自建房从县建材城购买该批建筑材料，但经检验是假冒专利权的假货。郑某起诉要求张某停止使用

B. 李某未经郑某许可，擅自依照其专利方法制造保温建材，王某对李某生产的建材产品做进一步加工处理。王某侵犯郑某的专利权

C. 丙厂在郑某申请该项专利前也制造了相同的产品，现仍在原规模内制造销售。郑某起诉要求丙厂支付合理使用费

D. 丁市政污水处理厂未经郑某许可使用该专利方法生产污水处理设备。郑某起诉要求丁市政污水处理厂停止使用

考点 专利侵权行为

167. 甲公司为一项发明的专利权人，甲公司起诉乙公司专利侵权案件被A法院受理后，现乙公司向国务院专利行政部门提出宣告甲公司专利权无效的请

求并被受理。在处理有关事宜时，甲公司法律顾问出具了以下意见，其中哪些符合《专利法》的规定？（　　）

A. 乙公司在答辩期间内请求宣告该项专利权无效的，A 法院可以不中止诉讼

B. 甲公司主张的权利要求被国务院专利行政部门宣告无效的，A 法院可以据此认定乙公司不构成侵权

C. 甲公司的权利要求被国务院专利行政部门宣告无效的，A 法院可以裁定驳回甲公司的起诉

D. 专利侵权诉讼中，法院因主张的权利被宣告无效驳回权利人起诉，有证据证明宣告权利无效的决定被生效的行政判决撤销的，甲公司可以另行起诉

[考点] 专利侵权诉讼（专利无效抗辩处理）

答案及解析

163. [考点] 专利权的客体

[答案] AC

[解析] B 选项不当选。疾病的诊断和治疗方法，不能授予专利权。

D 选项不当选。掌握时间"6 个月内"，在规定的学术会议或者技术会议上首次发表，并在 6 个月内申请专利的发明创造，不丧失新颖性。

164. [考点] 知识产权的国际保护；专利申请的原则

[答案] D

[解析] A 选项错误，考查专利保护的申请。国务院专利行政部门统一受理和审查专利申请，依法授予专利权。(《专利法》第 3 条第 1 款）所以专利权并非采取"自动保护"方式，需要申请人向我国专利行政部门提出专利申请。

B 选项，错误是"未考虑申请日"。根据《专利法》第 29 条第 1 款的规定，发明申请人获得国际优先权的条件包括：①在外国第一次提出专利申请之日起 12 个月内；②在中国就相同主题提出专利申请；③有协议(或者共同参加的国际条约，或者依照相互承认优先权的原则)。

C 选项错误。M 公司是在中国没有营业场所的外国企业，不能自行办理专利申请，应当委托依法设立的专利代理机构办理。

D选项正确。《专利法》第9条第1款规定："同样的发明创造只能授予一项专利权。但是，同一申请人同日对同样的发明创造既申请实用新型专利又申请发明专利……"

165. [考点] 药品专利侵权纠纷早期解决机制；药品强制许可

[答案] BC

[解析] A选项，在药品上市审评审批中，因申请注册的药品（A药）相关的专利权产生纠纷的，现行《专利法》增加了"早期解决机制"：①相关当事人可以向人民法院起诉，请求就申请注册的药品相关技术方案是否落入他人药品专利权保护范围作出判决；②也可以就申请注册的药品相关的专利权纠纷，向国务院专利行政部门请求行政裁决。(《专利法》第76条第1、2款）所以，A选项错误，"诉讼"和"行政裁决"是选择关系，都是可以采取的解决方案。

B选项正确。发明专利权的期限为20年。为补偿新药上市审评审批占用的时间，对在中国获得上市许可的新药相关发明专利，国务院专利行政部门应专利权人的请求给予专利权期限补偿。补偿期限不超过5年，新药批准上市后总有效专利权期限不超过14年。(《专利法》第42条第1、3款)

C选项正确。关于"仿制药"是否侵权，参见《专利法》第75条的规定："有下列情形之一的，不视为侵犯专利权：……⑤为提供行政审批所需要的信息，制造、使用、进口专利药品或者专利医疗器械的，以及专门为其制造、进口专利药品或者专利医疗器械的。"

D选项错误。"公共健康目的"，如为了阻止大规模传染病的传播。《专利法》第55条规定："为了公共健康目的，对取得专利权的药品，国务院专利行政部门可以给予制造并将其出口到符合中华人民共和国参加的有关国际条约规定的国家或者地区的强制许可。"并且根据《专利法》第59条的规定，此种情况获得的"强制许可"无需"提供证据，证明其以合理的条件请求专利权人许可其实施专利，但未能在合理的时间内获得许可"的前提条件。

166. [考点] 专利侵权行为

[答案] B

解析 A选项不当选。张某是善意使用人，虽然构成侵权，但可不停止使用。

B选项当选。依照专利方法直接获得的产品，是指使用专利方法获得的原始产品。对于将上述原始产品进一步加工、处理而获得后续产品的行为，应当认定为使用依照该专利方法直接获得的产品的行为，属于侵犯专利方法的行为。

C选项不当选。符合“先用权原则”，即，在专利申请日前已经制造相同产品、使用相同方法或者已经作好制造、使用的必要准备，并且仅在原有范围内继续制造、使用的，不构成侵权。

D选项不当选。被告构成对专利权的侵犯，权利人请求判令其停止侵权行为的，人民法院应予支持，但基于国家利益、公共利益的考量，法院可以不判令被告停止被诉行为，而判令其支付相应的合理费用。

167. 考点 专利侵权诉讼（专利无效抗辩处理）

答案 ACD

解析 A选项当选。人民法院受理的侵犯发明专利权纠纷案件或者经国务院专利行政部门审查维持专利权的侵犯实用新型、外观设计专利权纠纷案件，被告在答辩期间内请求宣告该项专利权无效的，人民法院可以不中止诉讼。

B选项不当选，C选项当选。权利人在专利侵权诉讼中主张的权利要求被宣告无效的，审理侵犯专利权纠纷案件的人民法院可以裁定驳回权利人基于该无效权利要求的起诉。该裁定不涉及事实部分审理，不能直接认定乙公司不构成侵权。

D选项当选。有证据证明宣告甲公司权利要求无效的决定被生效的行政判决撤销的，权利人可以另行起诉。

第20章 商标法

第57讲 注册商标概述（申请、注销、转让和许可、无效、撤销）

168. 甲省张县地区传统调料“张县豆瓣酱”，因其味道鲜美、风味独特、历史久远而闻名于世，是深受广大群众喜欢的土特产。该地生产并出售的产品虽然大都注明了“张县豆瓣酱”字样，却没有人申请将其注册为商标。2016年，乙省A公司将“张县豆瓣酱”注册，商品种类也为食品调料，张县人才意识到问题的严重性。如果你是张县调料行业协会聘请的律师，你认为下列哪一保护甲省张县“张县豆瓣酱”品牌的建议合法且可行？（　　）

A. 建议张县调料行业协会尽快向商标行政管理部门申请驰名商标认定

B. 建议张县调料行业协会将“张县豆瓣酱”作为集体商标申请注册

C. 自A公司注册之日起5年内，张县调料行业协会可向商标行政管理部门申请该商标无效

D. 建议张县调料行业协会向商标评审委员会申请裁定，或者向法院起诉请求撤销A公司的商标

【考点】商标管理（商标无效、撤销）

169. 关于商标的申请和变更，下列说法符合法律规定的有哪些？（　　）

A. 甲公司在旗下涮羊肉连锁火锅店的广告和包装上均突出宣传“小羔羊”商标，经过近10年的经营，现“小羔羊”羊肉火锅被消费者熟知。张同学认为，“小羔羊”表明了该商品的主要原料，不能申请注册

B. 乙公司可在一种商品上同时使用两个商标

C. 注册商标需要在核定使用范围之外的商品上取得商标专用权的，应当另行提出注册申请

D. 注册商标需要改变其标志的，应当重新提出注册申请

考点 商标注册

170. 北江市扬子江饭店成立于2003年，成立之初即将其商号使用于其提供的服务上，在酒店用品、宣传资料上长期持续使用“揚子江”“扬子江饭店”文字作为商业标识，在北江地区餐饮服务市场获得较高知名度，但扬子江饭店并未将其商号申请注册商标。王某是扬子江饭店在北江市选定的食材供应商之一。现王某于2014年1月申请“扬子江”文字商标，申请注册类别为咖啡馆、饭店、餐馆、快餐馆、酒吧等，但王某并未取得餐饮行业的经营资质。关于本案，下列判断正确的是：(　　)

A. 扬子江饭店可以因王某恶意抢注请求商标局撤销其商标

B. 对王某申请注册的商标，商标局应当自收到商标注册申请文件之日起9个月内审查完毕

C. 若王某的“扬子江”商标被核准注册，扬子江饭店可以自其注册之日起5年内请求商标评审委员会宣告该注册商标无效

D. 现王某起诉扬子江饭店侵犯其商标专用权，扬子江饭店可以享有先用权为由抗辩

考点 商标无效宣告

第58讲 注册商标专用权的保护（商标侵权）

171. ABC公司为知名的科技公司，2006年ABC公司在我国为其计算机处理器注册了“锋行”商标，为相关公众所熟知。2018年2月，ABC公司发现下列行为并向法院提出侵权诉讼。如果法院在审查过程中已经对“锋行”商标的驰名情况作出了认定，那么下列行为中构成侵权的有哪些？(　　)

A. 甲公司在ABC公司办公楼附近以“锋行”作为商标经营餐饮业务

B. 乙公司于2005年在汽车上使用“锋行”商标，并在汽车行业具有较高的知名度，现继续在汽车上使用该商标

C. 丙公司在其生产并销售的电脑上标明：本产品使用“锋行”处理器

D. 丁公司在其生产并销售的电视机上使用“锋行”商标

[考点] 侵犯注册商标专用权的认定

172. 甲省QP公司于2012年被核准注册“sheer love十分爱”商标，核定使用商品为化妆品、浴液等。2014年11月，维多利亚的秘密公司提出对该商标的无效宣告申请。经查，维多利亚的秘密公司在多国家和地区都注册了“SHEER LOVE”商标，用于品牌香水、沐浴露等，并且在2014年取得中方非特殊用途化妆品的备案手续。另查明，QP公司一共注册了800多件商标并公开售卖，其大多数商标与国际知名服装、化妆品品牌以及知名人物姓名相同或近似（如包括“Justin Bieber”商标），但是仅有少量商标投入使用。关于该案，下列哪些说法是正确的？（　　）

A. QP公司属于恶意申请商标注册，可根据情节给予警告、罚款等行政处罚

B. QP公司的商标注册违反诚实信用原则

C. 可向法院提起宣告QP公司注册的“sheer love十分爱”商标无效的诉讼

D. 若商标代理机构知道或者应当知道上述情形，不得接受其委托

[考点] 恶意商标注册的处理

答案及解析

168. [考点] 商标管理（商标无效、撤销）

[答案] BC

[解析] A选项不当选。我国对驰名商标采取“被动认定”，即在商标局查处商标违法案件过程中，商标评审委员会在商标争议处理过程中，法院在商标民事、行政案件审理过程中，对涉案商标是否“驰名”加以认定，而非由行政部门主动认定。

B选项当选。《商标法》第3条第2款规定：“本法所称集体商标，是指以团体、协会或者其他组织名义注册，供该组织成员在商事活动中使用，以表明使用者在该组织中的成员资格的标志。”所以该协会申请注册集体商标是可行方案。

C选项当选。申请商标无效是保护在先权利的一项重要措施。

D选项不当选。商标由商标局撤销，而非向法院起诉撤销。

169. 考点 商标注册

答案 BCD

解析 A选项不当选。甲公司在其产品广告和包装上均突出宣传“小羔羊”，被消费者熟知，所以“小羔羊”标识属于“经过使用取得显著特征，并便于识别的”标志，可以注册。

B选项当选。“在一种商品上同时使用两个商标”，此为“联合商标”，是我国《商标法》允许的行为。

C、D选项当选。涉及商标标志变更，或者所涉商品种类的变更，均要另行提出注册申请。《商标法》第23条规定：“注册商标需要在核定使用范围之外的商品上取得商标专用权的，应当另行提出注册申请。”《商标法》第24条规定：“注册商标需要改变其标志的，应当重新提出注册申请。”

170. 考点 商标无效宣告

答案 BCD

解析 根据题意，“扬子江”文字商标是扬子江饭店在先使用的未注册商标。王某因为和扬子江饭店的合同、业务往来关系而明知该商标存在，但是王某仍就相同商品或服务申请注册相同或者近似商标。

A选项，错误是“撤销其商标”。正确做法是：自王某将商标注册之日起5年内，在先权利人（扬子江饭店）或者利害关系人可以请求商标评审委员会宣告该注册商标无效。对恶意注册的，驰名商标所有人不受5年的时间限制。（《商标法》第45条第1款）本题题意没有显示该商标是驰名商标，所以应当在5年内提出。

B选项正确。参见《商标法》第28条的规定：“对申请注册的商标，商标局应当自收到商标注册申请文件之日起9个月内审查完毕，符合本法有关规定的，予以初步审定公告。”

C选项正确。参见上述《商标法》第45条第1款的规定。

D选项正确。扬子江饭店是该商标的在先使用人，享有先用权。（《商标法》第59条第3款规定：“商标注册人申请商标注册前，他人已经在同一种商品或者类似商品上先于商标注册人使用与注册商标相同或者近似并有一定影响的商标的，注册商标专用权人无权禁止该使用人在原使用范围内继续使用该商标，但可以要求其附加适当区别标识。”）

171. [考点] 侵犯注册商标专用权的认定

[答案] AD

[解析] “锋行”商标既是“注册商标”又是“驰名商标”。对其保护范围扩大到“不相同或者不相类似商品”，如果误导公众，致使该驰名商标注册人的利益可能受到损害的，构成侵权。

(1) A、D选项，会误导消费者，虽然“跨界”但仍构成侵权（《商标法》第13条第3款）。故A、D选项当选。

(2) B选项，乙公司在ABC公司商标申请前已经使用“锋行”商标，其在原范围内继续使用的行为符合“先用权原则”，不构成侵权（《商标法》第59条第3款）。故B选项不当选。

(3) C选项，“锋行”处理器合法销售后，该产品上的专利权和商标权的“销售权、使用权”耗尽，他人销售或使用该产品，不构成侵权。故C选项不当选。

172. [考点] 恶意商标注册的处理

[答案] ABD

[解析] 本题中QP公司囤积商标，属于不以使用为目的的恶意商标注册。

A选项正确。对恶意申请商标注册的，根据情节给予警告、罚款等行政处罚；对恶意提起商标诉讼的，由人民法院依法给予处罚。(《商标法》第68条第4款)

B选项正确。《商标法》第7条第1款规定：“申请注册和使用商标，应当遵循诚实信用原则。”本题不以使用为目的的囤积商标，无疑违反了诚信原则。

C选项，错误是“提起商标无效诉讼”。当事人必须先经过商标复审，不能直接向法院提起商标无效的诉讼。(《商标法》第44条第2款)

D选项正确。《商标法》第19条第3款规定：“商标代理机构知道或者应当知道委托人申请注册的商标属于本法第4条、第15条和第32条规定情形的，不得接受其委托。”(《商标法》第4条第1款规定的情形，即本题恶意商标注册情形)

答案速查表

题号	答案	题号	答案	题号	答案
1	D	24	BCD	47	ACD
2	D	25	D	48	C
3	CD	26	BC	49	D
4	B	27	D	50	A
5	CD	28	AC	51	D
6	C	29	B	52	BC
7	ABCD	30	BC	53	CD
8	A	31	B	54	D
9	C	32	C	55	AD
10	BD	33	CD	56	CD
11	B	34	A	57	C
12	ACD	35	D	58	AE
13	C	36	AC	59	BD
14	D	37	BCD	60	AD
15	C	38	C	61	D
16	C	39	BC	62	BC
17	B	40	AD	63	ADE
18	C	41	AC	64	A
19	AD	42	A	65	C
20	AD	43	C	66	BC
21	B	44	BD	67	B
22	ACD	45	ABC	68	AB
23	C	46	ABD	69	ABC

题号	答案	题号	答案	题号	答案
70	B	99	ABCDE	128	BC
71	AC	100	ABDE	129	BC
72	B	101	ABC	130	ACD
73	BD	102	BC	131	ACD
74	ABD	103	A	132	BD
75	A	104	AC	133	ABCD
76	AC	105	D	134	AD
77	A	106	AD	135	AD
78	A	107	ACD	136	AB
79	AC	108	CD	137	ABC
80	ABC	109	C	138	BD
81	C	110	AD	139	AB
82	AB	111	ACD	140	AC
83	D	112	D	141	C
84	A	113	BCD	142	B
85	AD	114	CD	143	ABD
86	B	115	BC	144	ABE
87	ACE	116	B	145	CD
88	BC	117	AC	146	AB
89	CD	118	CD	147	C
90	AD	119	ACD	148	ACD
91	AD	120	D	149	C
92	ACD	121	BD	150	AB
93	ACD	122	CD	151	A
94	AD	123	ACD	152	ABCD
95	BD	124	ABC	153	B
96	BC	125	ABC	154	C
97	C	126	ACD	155	CD
98	ABD	127	ABCD	156	BCD

题号	答案	题号	答案	题号	答案
157	ACD	163	AC	168	BC
158	ACD	164	D	169	BCD
159	ACDE	165	BC	170	BCD
160	CD	166	B	171	AD
161	CD	167	ACD	172	ABD
162	ABCD				

图书在版编目（CIP）数据

国家法律职业资格考试金题串讲. 商经法/鄢梦萱编著. —北京：中国政法大学出版社，2023.7
ISBN 978-7-5764-0987-1

Ⅰ.①国… Ⅱ.①鄢… Ⅲ.①商法－中国－资格考试－自学参考资料②经济法－中国－资格考试－自学参考资料 Ⅳ.①D920.4

中国国家版本馆 CIP 数据核字(2023)第 124605 号

出版者　中国政法大学出版社

地　址　北京市海淀区西土城路 25 号

邮寄地址　北京 100088 信箱 8034 分箱　邮编 100088

网　址　http://www.cuplpress.com (网络实名：中国政法大学出版社)

电　话　010-58908285(总编室) 58908433（编辑部） 58908334(邮购部)

承　印　三河市华润印刷有限公司

开　本　787mm×1092mm　1/16

印　张　11

字　数　230 千字

版　次　2023 年 7 月第 1 版

印　次　2023 年 7 月第 1 次印刷

定　价　49.00 元

厚大法考（北京）2023 年客观题面授教学计划

班次名称		授课时间	标准学费（元）	阶段优惠（元）	备 注
				7.10 前	
暑期系列	暑期主客一体班	7.10～主观题（主客一体）	13800	主客一体，无优惠。2023 年客观题成绩合格，凭成绩单上主观题短训班；客观题未通过，免费读 2024 年暑期全程班 B 班。	本班次配套图书及随堂内部讲义
	暑期全程班 A 班	7.10～主观题（主客一体）	18800	主客一体，协议保障。2023 年客观题成绩合格，凭成绩单上主观题短训班；客观题未通过，退 12000 元。座位指定区域、督促辅导、定期抽背纠偏、心理疏导。	
	暑期全程班 B 班	7.10～8.31	13800	8880	
冲刺系列	点睛冲刺班	8.22～8.31	6680	3380	

其他优惠：

1. 多人报名可在优惠价格基础上再享团报优惠：3 人（含）以上报名，每人优惠 200 元；5 人（含）以上报名，每人优惠 300 元；8 人（含）以上报名，每人优惠 500 元。
2. 厚大面授老学员报名高端系列班次（协议班次除外），可享受 1000 元优惠；报名暑期系列和周末系列（协议班次除外），可享受 500 元优惠。

厚大法考（北京）2023 年二战主观题教学计划

班次名称	授课时间	标准学费（元）	授课方式	阶段优惠（元）		配套资料
				7.10 前	8.10 前	
主观旗舰 A 班	6.6～10.10	56800	网授+面授	2022 年主观题分数≥90 分的学员，2023 年未通过，全额退费；≤89 分的学员，2023 年未通过，退 46800 元。		本班配套图书及内部讲义
主观旗舰 B 班	6.6～10.10	36800	网授+面授	已开课		
主观集训 A 班	7.15～10.10	46800	面 授	2022 年主观题分数≥90 分的学员，2023 年未通过，全额退费；≤89 分的学员，2023 年未通过，退 36800 元。		
主观集训 B 班	7.15～10.10	26800	面 授	18800	19800	
主观特训 A 班	8.15～10.10	36800	面 授	2022 年主观题分数≥90 分的学员，2023 年未通过，全额退费；≤89 分的学员，2023 年未通过，退 26800 元。		
主观特训 B 班	8.15～10.10	19800	面 授	14800	15800	

其他优惠：

1. 3 人（含）以上团报，每人优惠 300 元；5 人（含）以上团报，每人优惠 500 元。
2. 厚大老学员在阶段优惠基础上再优惠 500 元，不再适用团报政策。
3. 协议班次无优惠，不适用以上政策。

【总部及北京分校】北京市海淀区花园东路 15 号旷怡大厦 10 层　　电话咨询：4009-900-600-转 1-再转 1

二战主观面授咨询

厚大法考服务号

厚大法考(华南)2024年客观题面授教学计划

班次名称		授课时间	标准学费(元)	阶段优惠(元)						配套资料
				10.10前	11.10前	12.10前	1.10前	2.10前	3.10前	
至尊系列(全日制)	主客一体至尊私塾班	随报随学直至通关	177000	协议班次无优惠。自报名之日至通关之时,学员全程、全方位享受厚大专业服务,私人定制、讲师私教、课前一对一专属辅导、大班面授,多轮次、高效率系统学习,主客一体;送住宿二人间,当年通过法考奖励2万元。						理论卷8本、真题卷8本、119必背8本,法考特训集、随堂讲义等
	主客一体至尊VIP班	4.10~9.1	157000	协议班次无优惠。2024年客观题未通过,学费全退;2024年主观题未通过,学费退一半。享至尊VIP班专属辅导。						
	至尊班	4.10~9.1	76800	48000	50000		55000		60000	
				若2024年客观题未通过,免学费重读第二年客观题大成长训班;若2024年客观题通过,赠送2024年主观短训班。						
大成系列(全日制)	大成长训班	4.10~9.1	38800	23800	24800	25800	26800	28800	30800	理论卷8本、真题卷8本、119必背8本,随堂讲义
	主客一体长训班	4.10~9.1	38800	若2024年客观题未通过,免学费重读第二年客观题大成集训班;若2024年客观题通过,赠送2024年主观短训班。						
	大成集训班	5.18~9.1	28800	15800	16800	17800	18800	19800	20800	
	主客一体集训班	5.18~9.1	28800	若2024年客观题未通过,免学费重读第二年客观题大成集训班;若2024年客观题通过,赠送2024年主观衔接班。						
暑期系列	暑期全程班	7.8~9.1	13800	7800	8000	8300	8500	8800	9000	
	暑期主客一体冲关班	7.8~9.1	16800	若2024年客观题未通过,免学费重读第二年客观题暑期全程班;若2024年客观题通过,赠送2024年主观密训营。						
	私塾班	3.16~6.30 7.8~9.1	18800	12500	13000	13300	13500	13800	14000	
周末系列	周末精英班	3.16~8.18	8980	7280	7580	7880	8180	8480	8780	
	周末全程班	3.16~9.1	15800	8800	9300	9600	9800	10200	10500	
	周末主客一体冲关班	3.16~9.1	16800	若2024年客观题未通过,免学费重读第二年客观题周末精英班;若2024年客观题通过,赠送2024年主观密训营。						
冲刺系列	点睛冲刺班	8.24~9.1	4980	4080						随堂讲义

其他优惠: 详询工作人员

【广州分校】 广东省广州市海珠区新港东路1088号中洲交易中心六元素体验天地1207室
咨询热线:020-87595663　020-85588201

【深圳分校】 广东省深圳市罗湖区滨河路1011号深城投中心7楼717室　　咨询热线:0755-22231961

【成都分校】 四川省成都市成华区锦绣大道5547号梦魔方广场1栋1318室　　咨询热线:028-83533213

新浪微博@广州厚大法考面授

成都厚大法考官微